W0189987

Alice Diestel ist Kassiererin im THEO – Deutschlands beliebtestem Discounter –, und sie arbeitet gerne in dem «Saftladen», ja, sie mag sogar die meisten Kunden, so ca. 80 Prozent. Die anderen 20 Prozent verhalten sich etwas disharmonisch, um es freundlich auszudrücken, andererseits sind sie die Würze in Alices Arbeitsalltag. Da gibt es Kunden, die sich das Anfassen ihres Toastbrots verbitten, die vor dem Kühlregal den richtigen Käse mit Hilfe eines Pendels auswählen, und die, die es jedes Mal wieder schaffen, den Pfandautomaten lahmzulegen. All diese Verrückten muss die Kassiererin brav mit den acht von der Firma vorgeschriebenen Worten bedenken: «Guten Tag!», «Betrag», «Bitte!», «Danke!», «Zahlen Sie bar oder mit Karte?», «Auf Wiedersehen!», «Wie war Ihr Einkauf?», «Schönen Tag noch». Und das durchschnittlich 700-mal am Tag. Kein Wunder, dass sie am Abend meint, im größten Irrenhaus der Welt zu arbeiten. Um nicht selbst eingeliefert zu werden, macht sich Alice Diestel jetzt Luft und erzählt von den vielen kleinen und großen Absurditäten, mit denen sie tagtäglich im Discounter konfrontiert wird.

Alice Diestel arbeitet seit über zwanzig Jahren als Kassiererin in Deutschlands beliebtestem Discounter. Das soll auch so bleiben – daher veröffentlicht sie dieses Buch unter Pseudonym.

ALICE DIESTEL

Die Pfanne brät nicht!

Eine Kassiererin rechnet ab

ROWOHLT TASCHENBUCH VERLAG

2. Auflage Juli 2013
Originalausgabe
Veröffentlicht im Rowohlt Taschenbuch Verlag,
Reinbek bei Hamburg, Juli 2013
Copyright © 2013 by Rowohlt Verlag GmbH,
Reinbek bei Hamburg
Umschlaggestaltung ZERO Werbeagentur, München
(Illustration: FinePic, München)
Satz Dolly PostScript (InDesign) bei
Pinkuin Satz und Datentechnik, Berlin
Druck und Bindung CPI – Clausen & Bosse, Leck
Printed in Germany
ISBN 978 3 499 62045 4

Für all die Kunden, die mir ans Herz legten:
«Schreib doch mal ein Buch!»
Hier ist es – jetzt kauft es auch!

Und für meinem Mann und meine Kinder,
die nach der Arbeit all die Geschichten
als Erste zu hören bekommen.
Und oft ein nervliches Wrack
statt einer ausgeglichenen Ehefrau und Mutter
an ihrer Seite haben.
Danke für eure Geduld!

Inhalt

Vorwort   **9**

Wer ist hier der König?   **13**

Jetzt aber zackig!   **28**

Die THEO-Tupperparty   **55**

Im Land der unbegrenzten Möglichkeiten.
   Aktionstag bei THEO   **65**

Es lebe der kleine Unterschied   **79**

Plaque-Alarm   **98**

Originale   **108**

Durchgeknallt – der Nächste, bitte!   **124**

Die lieben Kleinen und ihre Mütter   **144**

Bömmel würde sagen:
   «Bah, wat habt ihr doch für 'ne fiese Charakter!»   **152**

Auch Senioren müssen essen!   **170**

Diebe und andere Terroristen   **175**

Nobody is perfect!   **184**

Liebeserklärung an unsere Kunden   **193**

Dank   **203**

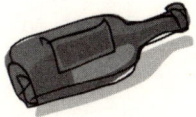

Inhalt

Vorwort

Montagmorgen. Kurz vor 8:00 Uhr. An unzähligen Orten im ganzen Land:

Die Spannung ist kaum noch zu ertragen. Gleich ist es so weit. Noch ein kurzer, heimlicher Blick auf den Einkaufszettel in der vor Aufregung feucht-klebrigen Hand. Das Hirn arbeitet auf Hochtouren, um die strategisch günstigste Route festzulegen. Gleich einer bis zum letzten Schritt ausgefeilten Choreographie von Detlef D! Soost tanzt man in Gedanken zum Erfolg.

Ein abschätzender Blick wandert zu den anderen Wartenden. Ob es sich wohl um ernst zu nehmende Konkurrenten handelt? Muss man sich Sorgen machen? Ist der Nachbar körperlich überlegen oder eher mit einem flüchtigen Seitenkick fußlahm zu machen oder gar aus dem Feld zu knocken?

Zwischen einigen entwickeln sich sogar etwas wie zwischenmenschliche Beziehungen – soll heißen: heuchlerische Gespräche, in denen man mit Nachdruck betont, nur «rein zufällig» hier zu sein!

Natürlich!

Niemand würde freiwillig zugeben, sich mit voller Absicht diesem Wahnsinn auszuliefern, der zweimal die Woche hier stattfindet. Vielleicht, weil er sich dann eingestehen müsste, dass er selbst ein klein wenig vom Irrsinn befallen ist?

Aber nein! Der böse Gedanke wird sofort beiseitegeschoben, denn plötzlich kommt Unruhe auf. Die Türen der Traumfabrik öffnen sich wie von Geisterhand, und das Drama nimmt erbarmungslos seinen Lauf.

Es gibt kein Zurück mehr, denn man ist umzingelt von rollenden Einkaufswagen und drängenden, schwitzenden Leibern. Für kurze Zeit ist man nicht mehr Herr der Lage – bis man sich auf die Macht seiner kantigen Gliedmaßen besinnt und diese dann auch rücksichtslos zum Einsatz bringt. Ellbogen stoßen nach rechts und links. Füße treten gezielt aus. Schmerzensschreie werden ignoriert. Und dann – dann endlich ist der Weg frei! Der Weg ins Paradies. Der Himmel auf Erden für Schnäppchenjäger.

Das Nirwana erreicht man im Discounter – ohne Scheiß!

Und genau hier beginnt meine Geschichte. Ich bin eines dieser bemitleidenswerten Geschöpfe, dem die Geisterhand gehört, die allmorgendlich den magischen Knopf drückt. Der Knopf, der die Türen zum Paradies öffnet – dem der Kunden wohlgemerkt – und damit all den kleinen und großen Absurditäten Einlass gewährt, mit der eine Kassiererin im Supermarkt konfrontiert wird. Ob bei Lidl oder Penny, Aldi oder Netto – in jedem Discounter werden die Verkäuferinnen wohl von ähnlichen Erfahrungen und Begegnungen berichten können, wie ich im ... nun ja, das Kind muss einen Namen haben. Fritz oder Franz? Jupp oder besser Karl? Nun, nennen wir es doch einfach und treffend: THEO!

(Dass Theo sich aus dem Griechischen für «Gott» ableitet, ist reiner Zufall!)

Obwohl es so ganz ohne den einen oder anderen Seitenhieb auf die Philosophie der Discounter natürlich nicht geht, handelt dieses Buch nicht von den in den Medien immer wieder kritisierten Arbeitsbedingungen. Es ist vielmehr eine Art Gesellschaftsstudie – mit einem lachenden und einem weinenden Auge. Ganz im Sinne von: «Weiß die Menschheit, wie bescheuert sie ist?»

Es enthüllt die nackte Wahrheit über das merkwürdige Verhalten des deutschen Otto Normalverbrauchers beim Einkauf. Dunkle Abgründe werden sich auftun, und manch ein Leser wird sich fragen: «Gibt es solche Leute wirklich, oder bin ich am Ende gar selber so einer?» Der eine oder andere wird sich den Schneewittchen-Spiegel vorhalten und erkennen müssen – das bin ja ich!

Dazu möchte ich anmerken, dass die Personen und Handlungen keineswegs frei erfunden sind und jegliche Ähnlichkeit mit lebenden oder verstorbenen Personen voll beabsichtigt ist.

Sollten Sie, lieber Leser, zu den Menschen gehören, die sich selbst als absoluter Monarch in der Beziehung zwischen Dienstleister und Kunden sehen, für die Kassiererinnen nur Menschen zweiter Klasse sind – lesen Sie dieses Buch besser nicht! Kloppen Sie es in die Tonne oder verbrennen Sie es! Die ungeschminkten Tatsachen könnten Sie zu einem weiteren wutschnaubenden, cholerischen Kunden mutieren lassen. – Wenn Sie das nicht sowieso schon sind.

Mein Bericht kann auch als verzweifelter Hilfeschrei all derer verstanden werden, die Tag für Tag das seltsame Verhalten der Kunden am eigenen Leib zu spüren bekommen. Als Angestellte in Supermärkten oder anderen Konsumgüter-Umschlagplätzen. Vielleicht bewirken meine Zeilen sogar etwas. Das wäre zu wünschen – alle Kassiererinnen der Welt würden es danken!

Um es jedoch vorwegzunehmen: Etwa 80 Prozent der Kunden sind höchst zufrieden und kommen gerne zu uns. Nur die restlichen 20 Prozent verhalten sich – nun ja, sagen wir mal – etwas disharmonisch. Aber jeder Jeck ist anders! Und das ist auch gut so, denn wären die Menschen nicht so verschieden, so verrückt oder so schwierig, wie sie sind, hätte nicht jeder von uns seinen eigenen kleinen, verschrobenen Tick, dann wäre die große Welt ganz schön öde und traurig. Und unsere kleine THEO-Welt ebenfalls. Wir hätten nichts zu erzählen, und dieses Buch wäre niemals zustande gekommen.

Denn die Menschen sind es, die die Würze in unseren Arbeitsalltag bringen, auch wenn diese manchmal bitter ist.

Wer ist hier der König?

Ding, dong ... «Liebe Kunden, wir öffnen Kasse 2 für Sie!»

Ja, der Fortschritt ist nicht aufzuhalten. Selbst in unserem ehemals nur auf das Lebensnotwendigste beschränkten und eher spartanisch eingerichteten THEO.

Automaten-Schantall blökt erbarmungslos unzählige Male am Tag ihren Spruch durch den Laden. Die Zeiten, in denen die Kassiererin den persönlichen Kontakt pflegen konnte und dem Kunden zum wiederholten Mal genervt mit derber Stimme «Ich schließe – ich hab zuhuuuu!» entgegengeworfen hat, gehören endgültig der Vergangenheit an. Ist es denn so viel kundenfreundlicher, wenn diese betörende 0190-Stimme säuselt: «Liebe Kunden, Kasse 1 schließt. Bitte nicht mehr auflegen!»?

Ja. Irgendwie schon. Denn der Wartende nimmt es nicht ganz so übel, dass er seine Warteschlange verlassen muss, wo er sich doch gerade so schön eingelebt hatte. Er hatte auch schon wieder nette Kontakte geknüpft, im Sinne von: «Mensch, können Sie nicht aufpassen? Sie sind mir in die Hacken gefahren!» Er ist nicht böse, dass er sich nun in einer anderen Schlange einreihen muss, weil er allen Ernstes denkt, die an der Kasse kann ja nix dafür. Die war das ja nicht. Neiiiin! – Das war die schöne Schantall, wo auch immer sie sich versteckt hält! Sie ist der Chef, der Big Brother, und bestimmt, wann welche Kassiererin an den Regalen gebraucht wird, wann sie auf die Toilette muss oder einen Schub Nikotin braucht. Ja, so ist das!

Das ist nur ein Beispiel dafür, wie heutzutage dieses arme, bemitleidenswerte Geschöpf – ich meine den Kunden –, das ja so unter Stress steht beim Einkaufen, immer wieder mit Samthandschuhen angefasst wird, um ihm bloß nicht weh zu tun.

Nun, die Zeiten haben sich eben geändert. Nicht nur bei uns, sondern allgemein in der Gesellschaft. Der Mensch ist nicht mehr das, was er mal war. Er ist nur noch ein rohes Ei, entbunden von allen Verantwortlichkeiten seines Tuns – und wird auch so behandelt. Dieses Verhalten scheint typisch deutsch zu sein, denn auch Kurt Tucholsky (1890–1935) sagte: «Wenn der Deutsche hinfällt, dann steht er nicht auf, sondern schaut, wer schadenersatzpflichtig ist.»

Immer ist er auf der Suche nach jemandem, dem er die eigenen Patzer in die Schuhe schieben kann. Nach einem, den man anklagen und zum Sündenbock machen kann. Dem man die Verantwortung übertragen kann. Damit er sich bloß nicht an die eigene Nase fassen muss. Und vom Rest der Welt, insbesondere im Dienstleistungssektor, wird er darin auch noch kräftig unterstützt. Das fängt schon bei kleinen alltäglichen Situationen an, bis hin zu Ereignissen, die sogar Schlagzeilen gemacht haben. Man fragt sich nur, wo diese Entwicklung noch hinführen soll.

Ein paar Beispiele: Explodiert der regennasse Pinscher in der Mikrowelle, ist natürlich der Hersteller schuld und wird verklagt. Das hätte ja auch schließlich in der Gebrauchsanleitung stehen müssen! Inzwischen gibt es in jeder Bedienungsanleitung den Warnhinweis, keine Lebewesen im Gerät zu grillen.

Erkrankt man an Lungenkrebs, weil man sich eine nach der anderen anzündet, wird einfach die Zigarettenindustrie zur Verantwortung gezogen. Mittlerweile springen einen die Gefahren des Rauchens auf jeder Packung erbarmungslos an.

Fährt man ohne gültigen Fahrschein mit der Bahn, wird man des Gefährts verwiesen. Logisch eigentlich! Aber was tun, wenn man dann nachts irgendwo im Nirgendwo steht? – Die Bahn wird verklagt!

Oft wird der gesunde Menschenverstand angezweifelt, sodass «Mensch» sich im Grunde höchst verarscht fühlen müsste, wie beim Hinweis auf der Toilettenpapier-Verpackung: «Plastikbeutel von Babys und Kindern fernhalten! Erstickungsgefahr!»

Geht es noch ein bisschen dümmer? Sind wirklich die Hersteller verantwortlich für das schreckliche Unglück oder vielleicht doch eher diejenigen, die ihre Aufsichtspflicht verletzt haben?

Der Hersteller muss sich in seiner Verzweiflung nach allen Seiten absichern, weil der Verbraucher in seinen Forderungen immer penetranter wird. Der stolziert durch den Laden, als würde er ihm gehören. Fehlt nur noch das T-Shirt mit dem Aufdruck: «Ich Chef, du nix». Er hat alle Rechte, die anderen nur die Pflichten. Wenn mal ein Artikel ausverkauft ist, würde ich dummes Huhn mir sagen: Pech gehabt, wärst du halt früher aufgestanden! Nicht so unsere Moralapostel oder oft auch frischgebackenen Jurastudenten, die an uns den soeben gelernten Stoff austesten, uns die Paragraphen um die Ohren klatschen und uns großspurig über unsere Pflichten aufklären.

Früher hatte der Mensch noch die Chance, sich über seine eigene Dummheit zu ärgern – ein tolles Gefühl! Doch heute ist die «Selber-Schuld-Hirnzelle» in den Windungen der Gehirnlappen wohl verlorengegangen. Nichts zieht mehr Konsequenzen nach sich. Höchstens die, dass man selbstbewusst in den Laden spaziert und auf Biegen und Brechen sein Recht einfordert.

Also wenn Ihnen draußen auf dem Parkplatz die Eier runterfallen – nur keine Scheu! Kommen Sie ruhig rein! Dann gibt es neue!

Die gute alte Zeit

Ja, leider, leider – die alten Zeiten sind endgültig vorbei.

Als nicht der Kunde, sondern die Dame an der Kasse der König war. Früher gab es Szenen wie diese:

Eine Kollegin, die in die Mittagspause geht, will nur eben ihre Brötchen bezahlen. Der Kunde, an dem sie sich vorbeidrängelt, beklagt sich: «Ich dachte, der Kunde ist König!», woraufhin meine Kollegin ganz trocken antwortet: «Aber nicht bei uns!»

Natürlich sollten ihre Worte auch damals nicht ungestraft bleiben!

Eine andere Kollegin schiebt eine große Pappkiste auf Rollen durch den Laden und behindert damit einen Kunden, der ebenfalls meint:
«Also bitte, der Kunde ist schließlich König!»
Sie daraufhin: «Das mag sein, aber ich bin die Kaiserin!»

Vorbei die Zeiten, in denen man das ganze Zeug in den Wagen geworfen hat, mit einem Arm und viel Schwung, und doch meist alles unversehrt geblieben ist. Nix «Wir lieben Lebensmittel»! Heute verbitten sich die Kunden das Anfassen ihres Toastbrotes oder das Platzieren der Tüte tiefgekühlter Pommes auf den Spaghetti. Die Lebensmittel werden teilweise so akkurat und zentimetergenau in den Einkaufswagen sortiert, dass man das fertige Werk am liebsten für die Nachwelt in einem Foto festhalten möchte. Da stellt man sich die Frage, ob wohl der gesamte Wagen ins traute Heim mitgenommen und dekorativ im Wohnzimmer platziert wird, weil er so wunderschön aussieht und ausgezeichnet zur neuen Tapete passt?

Beim Einräumen der gescannten Waren in den Einkaufswagen:
Sie: «Nein, Heinz-Egon! Rechts die Sachen für in den Keller, links die für den Kühlschrank und in die Mitte für den Küchenschrank links. Unten die fürs Bad und in die Kiste die für den Küchenschrank rechts!»

Wer ist hier der König?

Vorbei die Zeiten, in denen man den Stinkern unter unseren Gästen noch vorwurfsvoll ein Stück Seife in die Hand drückte oder mit angehaltenem Atem den Kassenraum mit Deo einsprühte.

Vorbei die Zeiten, in denen man einen Blick in prall gefüllte Rucksäcke und Einkaufstaschen werfen durfte, um sicherzustellen, dass sich kein Diebesgut darin befindet – heutzutage könnte sich der arme Kunde ja gekränkt fühlen oder gar ein lebenslanges schweres Trauma davontragen.

Vorbei die Zeiten, in denen wir an der Kasse noch das Sagen und den Grips hatten. Wo jeder Kunde schon in banger Erwartung zitternd zum Ende des Bandes hechtete, um nicht von der dort ungeduldig wartenden, ruppigen Kassiererin zur Eile angetrieben zu werden. Diese unheimliche Gestalt, die gemäß ihrem Ruf multitaskingmäßig vier Kunden gleichzeitig abwickelte: die unzufriedene Mutter mit der Reklamation, den jungen Mann, der keinen Chip für den Wagen hat, den Suchenden, der das Salz nicht findet, und den geistig Behinderten, der pausenlos auf sie einredet. Und die während des ganzen Durcheinanders noch so zackig und souverän in ihre Tasten hämmerte, dass man nur noch hektisch die Eier vor dem Zusammenstoß mit der Konservendose zu schützen versuchte. Mit diesem Alien konnte doch irgendetwas so ganz und gar nicht stimmen, hatte sie schließlich noch dazu die etwa 700 Preise des gesamten Sortiments auf den Pfennig genau im Kopf.

Ein Kunde steht mit offenem Mund staunend vor mir und glotzt mich an:

«Wie machen Sie das?»

Ich sehe ihn verständnislos an: «Was?»

«Na, wo haben Sie das? Im Kopf?»

Jahaaaaa, damals waren wir noch schlau! Da mussten wir unsere grauen Zellen noch anstrengen. Aber dann wurde die Piep-Show eröffnet. Der Scanner hielt Einzug, und – ... piep ... piep ... piep ... – abrupt war die Bewunderung für uns dahin. Die Genies wurden kurzerhand vom Podest geschubst und von heute auf morgen zu Dummchen erklärt. Heute müssen wir während unserer Pause Kreuzworträtsel lösen oder Gehirnjogging mit Dr. Kawashima betreiben, um im Köpfchen helle zu bleiben.

«Das hätte ich Ihnen gar nicht zugetraut!»

Natürlich ist auch das Niveau der Kassiererinnen im THEO durch die Scannerkassen gesunken. Heute werden so manche Mädels eingestellt, die früher den Sprung in die sagenumwobene Elitetruppe nie geschafft hätten.

Ich bin damit beschäftigt, leere Kartons einzusammeln. Ein kleiner Junge hilft mir ganz stolz dabei. Sein Vater, der schnell weiterwill, bemerkt dann, ohne sich dabei etwas zu denken:

«Ja, wenn du mal schlecht in der Schule bist, kannst du ja bei THEO arbeiten. Aber jetzt komm!»

Wer ist hier der König?

Oder:

> «Sie sind doch geistig nicht auf der Höhe!»
> Diese überaus nette und noch dazu völlig ernst gemeinte
> Aussage gilt mir. Und kommt von einem Herrn, der es nicht
> auf die Reihe kriegt, seinen Einkauf zu bezahlen, sondern
> umständlich mit seinen zahlreichen Münzen herumjongliert.
> Und mir Beträge anbietet, die mit dem, was er zu zahlen
> hat, nicht das Geringste zu tun haben.

Und überhaupt! Da gab es doch vor einiger Zeit den «Großen
deutschen IQ-Test» im Fernsehen. Nach PISA sind solche
Sendungen ja der große Renner, um uns selber beweisen zu
können, dass wir Deutschen gar nicht so dämlich sind, wie
alle glauben.

Nun, die Aussagekraft dieser Tests und die Verlässlich-
keit ihrer Ergebnisse seien einmal dahingestellt. ABER – ich
will ja nicht prahlen, NEIN: Laut Auswertung hatte ich den
zweithöchsten IQ im Saal und zählte damit zu den «deutlich
überdurchschnittlich Intelligenten». Ein Punkt vor «hochbegabt»! Wow – da schwillt mir doch glatt die Brust vor
Stolz. Ich wusste gar nicht, dass aus diesem grauen THEO-
Blüschen solch ein schlauer Kopf hinausschaut. Und trotzdem arbeite ich gerne hier in diesem Saftladen! Bloß – die
Kunden haben leider Gottes nicht die leiseste Ahnung, dass
sie vor einem weiblichen Einstein stehen. Ist das nicht glatt
Perlen vor die Säue werfen? Soll ich das dem Blödmann jetzt
auf die Nase binden? «Geistig nicht auf der Höhe!» PAAH!

Aber mal ernsthaft. In solchen Momenten zweifle ich

wirklich an dem, was ich hier tue. Ob ich das nötig habe, mir solche abwertenden Sprüche anzuhören und überhaupt diesen allgemein nicht besonders anerkannten Job auszuüben? An den THEO-Kassen sitzen zwar nicht ausschließlich Genies, aber wir sind doch gut durchmischt. Bevor wir – meist nach der Kinderpause – an THEOs Kasse gelandet oder, besser gesagt, gestrandet sind, waren wir Krankenschwestern und Chefsekretärinnen, Friseurinnen und Sachbearbeiterinnen, Fleischereifachverkäuferinnen, Hotelfachfrauen und Fremdsprachenkorrespondentinnen. Wozu haben einige von uns ihr Abitur gemacht? Wozu kann die eine oder andere gar ein abgeschlossenes Studium vorweisen? Wozu haben manche von uns große Teile der Welt gesehen, Länder bereist, von denen andere nicht mal wissen, wo sie liegen? Um uns so etwas gefallen zu lassen?

Aber ... wir sind schließlich freiwillig hier. Niemand zwingt uns. Es steht uns völlig frei, zu gehen oder zu bleiben.

«Das hätte ich Ihnen gar nicht zugetraut!», kommt der bewundernde Kommentar einer Kundin, die meinen Auftritt bei einer Theateraufführung gesehen hatte.
Ich entgegne: **«Ja, stellen Sie sich vor, bevor ich zu THEO kam, habe ich sogar eine Schule besucht.»**

Inzwischen haben wir uns also mit unserem selbstgewählten Schicksal versöhnt und mit dem unterirdischen Stellenwert unseres Jobs in der Gesellschaft abgefunden. Zynischer ausgedrückt: Wir sind käuflich geworden. Denn die Entlohnung für die körperlichen Strapazen ist im Großen und

Ganzen angemessen, und somit ist auch unsere Einstellung zur Arbeit gefestigt.

Aber das war nicht immer so.

Bei Klassentreffen zitterte man schon den ganzen Abend, denn die Frage kam früher oder später so sicher wie das Amen in der Kirche. Noch dazu von einer Karrierefrau, die ihr Studium auf der linken Arschbacke absolviert hat und schnell zum Prof. Dr. Dr. mutierte:

«Und? Was machst DU so?»

«Ich bin bei THEO.»

«… Ach …!» – Betretenes Schweigen.

Damit drückte Frau Professor aus, dass sie hin- und hergerissen zwischen Mitleid und Verachtung, zumindest aber aufs Peinlichste berührt war.

Um die Lage zu entspannen, hakte sie nach:

«Ach so, ja. – Und was machst du da so? Bist du im Büro oder in der Geschäftsleitung?»

HMPFH!

Doch ich schweife ab. Zurück zu den melancholischen Erinnerungen an vergangene Zeiten. Als wir Verkäuferinnen noch Menschen und keine Maschinen waren. Menschen mit Ecken und Kanten, aber einem eigenen Willen und einem gesunden Selbstwertgefühl. Wo noch nicht die Freundlichkeit oberstes Gebot war, koste es, was es wolle. Der Kunde darf sich heute einfach alles erlauben – er ist heilig. Und beim kleinsten Widerstand gibt es einen bösen Brief.

Unbekannter alter Sack zur Kassiererin: «Du bist aber fett geworden.»
Früher hätte sie zu Recht geantwortet: «Besser fett als hässlich. Ich kann abnehmen, aber was machst du?»

Obwohl der Typ es ja nicht anders verdient hätte – da werden Sie mir zustimmen –, hätte sie das heutzutage sicher ihren Job gekostet. Also lächelt sie jetzt nur freundlich und wünscht dem Deppen auch noch einen schönen Tag.

In einem Internetforum las ich einmal eine Beschwerde eines Kunden, der sich offensichtlich von Kassiererinnen im Allgemeinen stark belästigt fühlte, allein durch den Umstand, dass sie anwesend sind. Vehement forderte er die Ersetzung all dieser Drachen durch Kassenautomaten. Prima Idee! Die Arbeitslosenquote würde ein Rekordhoch erreichen! Er nahm unter anderem Anstoß am «Grüß Gott» der Dame an der Kasse, das ihm stets zu rüde erschien, und sprach sich für ein Redeverbot für Kassiererinnen aus. Noch dazu verlangte er tatsächlich, dass sie während der ganzen Zeit – insbesondere auch beim Einscannen der Lebensmittel – lächeln sollten. Als genügte es nicht, solche Ätz-Kunden anzugrienen, sollen wir auch noch deren Käse anlächeln.

Hirnlose Marionetten

Um unser korrektes Verhalten gegenüber dem Kunden zu kontrollieren, gibt es bei THEO sogenannte Testkäufer, die inkognito – also als normale Kunden getarnt – unterwegs sind. Sie überprüfen, ob wir auch lammfromm und lächelnd alle Boshaftigkeiten über uns ergehen lassen. Ursprünglich ging es nur darum, zu checken, ob wir alle Artikel richtig eintippen. Das ist ja nun, seit wir Scannerkassen haben, nicht mehr so schwierig. Also musste man sich weitere Aufgabenfelder für diese Leute einfallen lassen. Nun wird auf Teufel komm raus getestet. Die Testkäufer führen einen Vordruck mit sich. Auf dieser Liste müssen sie unter anderem abhaken, ob die Verkäuferin auch brav die von der Firma vorgeschriebenen Worte zum Alltag spricht, die da wären: «Guten Tag!», «Betrag», «Bitte!», «Danke!», «Zahlen Sie bar oder mit Karte?» (und wehe, das fehlt!), «Wie war Ihr Einkauf?», «Auf Wiedersehen!», «Schönen Tag noch!», «Blablabla».

Rechnen wir das Spielchen doch mal bis zum Ende durch: Das arme Schaf an der Hauptkasse kassiert täglich etwa 700 Kunden. Acht «Pflichtworte» für jeden einzelnen ergeben 5600 bedeutungsschwangere Worte. Dazu kommen selbstverständlich noch weitere, die notwendigerweise gesprochen werden müssen. Zum einen, weil es den Arbeitsablauf wesentlich erleichtert: «Kommen Sie bitte nach vorne?», «Würden Sie bitte die Taschen anheben?», «Die Flaschen können Sie im Wagen lassen!», «Die Ölflaschen bitte aufs Band legen!» und so weiter. Und zum anderen, damit der Kunde nicht denkt, wir wären dämlich und unser Vokabular belaufe sich auf bloße acht Wörtchen. Hinzu kommen natürlich noch Gespräche oder auch Nettigkeiten vom Kunden, auf die wir natürlich eingehen, weil es der Anstand verlangt, oder weil es einfach nur angenehm ist und das Arbeiten auflockert.

Geht der zehnstündige Arbeitstag dem Ende zu, sitzt die Kassiererin oft nur noch apathisch lallend in der Kasse, und ihre Lippen hängen in Fetzen. Wenn jetzt ein Testkäufer kommt – na, dann gute Nacht. Gesamteindruck: verpennt; Freundlichkeit: nicht vorhanden; 6! Setzen! Anschiss!

Es gab Zeiten, da konnte ich selber entscheiden, wem ich einen schönen Tag wünsche, und das war dann auch ernst gemeint. Und wieder denke ich wehmütig zurück. An unseren Baumarkt am Ort beispielsweise. Ich erinnere mich noch genau: Man konnte kommen, wann man wollte – immer qualmte an der Kasse im Aschenbecher eine Kippe vor sich hin. Stets hatte man das Gefühl, man würde die Kassiererin stören, denn begrüßt wurde man – wenn überhaupt – nur mit einem mürrischen Knurren. Eine Verabschiedung gab es schon gar nicht. Da hatte die Dame an der Kasse längst wieder ihre Fluppe im Mundwinkel. Und wenn man ihr einen schönen Tag gewünscht hätte, wäre wahrscheinlich der Vorwurf gekommen: «Wollen Sie mich verarschen?» In mir reift ein unbestimmtes Gefühl, ein nostalgisches Sehnen zurück nach dieser herrlichen Zeit. Immer wusste man, wie die gute Frau an der Kasse drauf war, auch wenn es keinen wirklich interessierte. Es war ihr aber auch herzlich egal, ob es jemanden interessierte. Diese Ehrlichkeit damals hat niemandem weh getan. Alle sind trotzdem ihrer Wege gegangen, ohne psychische Macken davonzutragen. Heute sitzen dort nur noch hirnlose Marionetten, Roboter, programmiert mit den Standardfloskeln. Freundlich, aber verlogen.

Aber unser Kunde! Der ist hocherfreut, dass die Kassiererin so nett ist, ihm gar einen schönen Tag wünscht, bis er sie anschaut und bemerkt, dass sie ihn wohl gar nicht meinen kann, denn sie schaut ins Leere, während sie monoton ihr Programm abspult.

Macht das die Leute also wirklich glücklich? Sollte man nicht besser gleich für die gesamte Kommunikation die schöne Schantall aus ihrer Kiste holen?

Bevor jetzt zu viel Mitleid aufkommt und ich Sie zu Tränen rühre, möchte ich sagen: Richtig so! Ja, wir wurden quasi entmündigt, sollen uns alles gefallen lassen, dürfen nicht sagen, was wir manches Mal gerne sagen möchten, und schlucken es runter. Nur damit der Kunde glücklich ist, mit welch fiesen Charakterzügen er auch immer geprägt sein mag! Dafür tun wir einfach alles, geben uns als leere Hülle ohne Hirn und ohne Arsch in der Hose aus. – Oder etwa doch nicht?

Nun, vereinzelt gibt es sie noch, die Rebellen unter uns, die keine Lust auf Magengeschwüre oder ein falsches Lächeln haben. Damit meine ich nicht die unfreundlichen und ewig schlecht gelaunten Kassiererinnen, die ihre Unzufriedenheit an den Kunden auslassen – die gibt es ja leider auch zur Genüge –, sondern die Aufmüpfigen unter uns, die sich nicht so ohne weiteres in das neue System drängen lassen. Das System der perfekten «Kundenorientierung und Serviceoptimierung». Fast täglich werden wir aus der Chefetage mit immer neuen hanebüchenen Verordnungen und willkürlichen, oft infantilen Regeln bombardiert, die wir nur matt belächeln können, die es uns aber wahrlich nicht einfach machen, unsere Arbeit weiter zu lieben. Zumal die Einhaltung dieser zweifelhaften Vorgaben scharf kontrolliert und geahndet wird.

Ich spreche also von den Kollegen, die dafür kämpfen, dass unsere Lust und Freude an der Arbeit nicht in Schutt und Asche gelegt wird. Die Unerschrockenen, die gezielt dann, wenn es angebracht ist, kleine Seitenhiebe austeilen, oder die für ihre Kolleginnen in die Bresche springen und einstehen, ohne die Folgen zu fürchten. Die sich darum immer wieder Beschwerden einhandeln, sich aber dafür treu geblieben sind und wissen, was sie wert sind.

Jetzt aber zackig!

An THEOs Kassen ist es hektisch.
An THEOs Kassen geht alles zu Bruch.
An THEOs Kassen wird man gehetzt.
An THEOs Kassen ist es ungemütlich.

An THEOs Kasse.

Ein Kundenpaar, sichtlich erbost.
Sie zu ihrem Mann – aber im Grunde meint sie natürlich
mich: «Wir sind hier nicht auf der Flucht, Karl-Heinz! Wir
wollen nur einkaufen!»

Genau! Nicht ihr seid auf der Flucht. Sondern wir!

Dieses leidige Thema, Auslöser der meisten Meinungs-
verschiedenheiten zwischen uns und unseren Kunden,
bedarf einiger Erläuterungen. Viele Kunden, insbesondere
die Jüngeren, noch Ungeübten und all diejenigen, die zum
ersten Mal bei THEO einkaufen, können einfach kein Verständnis für unsere ständige Eile aufbringen. Diesen Kunden möchte ich kurz die Augen öffnen und ihnen einen Ein-
blick in das im Grunde sehr einfache System geben.

THEO ist dafür bekannt, besonders günstig zu sein, und

das schätzen unsere Kunden. Doch das kommt nicht daher, weil unser guter alter THEO ein so weiches Herz hat und aus lauter Nächstenliebe seiner Kundschaft einen Gefallen erweisen möchte. Nö! THEO spart am Personal. Soll heißen: Für die ganze Arbeit wird so wenig Personal wie nur möglich eingesetzt. Und dieses auf das Minimum beschränkte Personal – zahlenmäßig, nicht geistig – soll das Maximum an Arbeit schaffen. Das nennt man Leistung. Und Leistung ist das oberste Ziel, das A und O, des Pudels Kern, das Ei des Kolumbus – der Heilige Gral des THEO! OOHHMMM!

Wir spielen also nicht den Sklaventreiber, um die THEO-Besucher zu ärgern, oder weil es uns Spaß bereitet, zuzusehen, wie ihnen an der Kasse der Schweiß ausbricht. – Obwohl, wenn ich es mir so recht überlege …

Aber nein, sondern weil wir uns schlicht und einfach dem System fügen müssen, wenn wir unseren Job behalten wollen. Jeder ist ersetzbar, und wie in jedem anderen Beruf warten auch vor THEOs Tür viele, um bei dem «Mercedes unter den Discountern» einen Arbeitsplatz zu ergattern. Dieses magische Wörtchen «Leistung» müssen wir uns also zehn Stunden am Tag wie ein Mantra «vor-oohhmmmen». Von unseren Kunden erwarten wir lediglich zwei Minuten konzentriertes «mit-oohhmmmen».

Für uns heißt das also in Kurzfassung: Finger jucken lassen. Kein Kleingeld annehmen. So schnell es geht wieder aus der Kasse raus und im Laden weiterarbeiten. Für den Kunden heißt das ebenfalls, Finger jucken lassen. Kein Kleingeld hervorkramen. Und sich bei Engpässen wie Pausen oder ungewöhnlich hohem «Verkehrsaufkommen» in

Geduld üben müssen, wenn die Schlange länger und länger wird. Bei uns werden Sie keine Kassiererin sehen, die gelangweilt in der Kasse sitzt und wartet, bis ein Kunde kommt, sich womöglich vor dem Scanner-Spiegel noch die Lippen nachzieht. Seien Sie froh! Denn jede Verzögerung bezahlen im Endeffekt Sie, der Kunde! Zeit ist Geld. Je mehr Leute im Kleingeld kramen, desto mehr Kassen müssen geöffnet werden, und desto mehr Kassiererinnen werden benötigt. Je mehr Angestellte im Einsatz sind, desto höher die Personalkosten. Und woher sonst sollte THEO das Geld hierfür nehmen, wenn nicht direkt aus Ihrem Portemonnaie! Durch Preisaufschläge bei den Produkten. Darum ist der oft angebrachte Vorwurf mancher Kunden, wir würden so schnell arbeiten, damit wir mehr Geld verdienen, vollkommen fehl am Platz.

Das alles klingt reichlich ungemütlich oder vielleicht sogar unmenschlich. Womöglich werden Sie fragen: Wo sind nur die guten alten Tante-Emma-Läden abgeblieben? Was war das noch schön! Dorthin ging man täglich. Der Kohl fürs Mittagessen wurde dort gekauft und die Wurst fürs Abendbrot. In aller Gemütlichkeit bekam man dann seine Siebensachen schön verpackt und ausgehändigt. Aber meist blieb man noch ein wenig länger, denn dort konnte man in aller Seelenruhe noch einen Plausch halten und erfuhr gratis obendrein, mit wem Frau Lohmann aus der Hirschengasse ihren Mann betrogen hat und dass Herr Schulze wieder mal arbeitslos ist.

Die kleinen Läden an der Ecke sind nun leider vielerorts

vom Erdboden verschwunden. Tante Emma hat mit dem Wort Leistung eben nichts am Hut gehabt. Wer kann es sich heute noch leisten, nur Hausfrau oder -mann zu sein, jeden Mittag frisch seine Familie zu bekochen und täglich dafür einkaufen zu gehen. Dazu haben die Wenigsten noch Zeit. Die Großfamilie, die früher alles möglich gemacht hat, ist so gut wie ausgestorben. In der Durchschnittsfamilie der Mittelschicht müssen oft beide Ehepartner ran und das Geld reinbringen, nebenher den Haushalt schmeißen und die Kinder hüten oder von A nach B bringen. Da bleibt keine Zeit mehr für den täglichen Schwatz bei Emma. Die Discounter haben Emma verdrängt, weil sie das anbieten, was die Leute heute wollen: viel – billig – schnell. Einmal die Woche geht's zum Großeinkauf, und das soll möglichst zügig hinter sich gebracht werden. Die Menschen sind ständig in Eile und haben für nichts mehr Zeit. Darum gibt es immer mehr Fertiggerichte und Tiefkühlkost. Darum sind Mikrowellengeräte und Mini-Backöfen der Renner. Darum gibt es Discounter wie THEO, und darum gibt es uns ruhelose Ungeheuer an den Kassen.

«Der Jack the Ripper unter den Leistungswürgern», der Zeitfresser Nummer 1: das liebe Geld

Verantwortlich für die meisten Verzögerungen an unseren Kassen sind die Kunden, die ständig versuchen, ihr Kleingeld bei uns loszuwerden. Dabei bin ich mir sicher, dass ein großer Teil dieser Erbsenzähler uns gar nichts Böses will. Im Gegenteil. Sie denken, uns einen Gefallen damit zu erweisen. Also dürfen wir uns in die dunklen, undurchdringlichen Tiefen ihrer antiquarischen Lederlappen, auch Portemonnaies genannt, vortasten, um uns selber zu bedienen. Oder sie suchen in sämtlichen Fächern ihrer Hand- oder Hosentaschen nach den ungeliebten Centstücken. Einige kippen auch ihre wohlgefüllten Geldbörsen vor uns aus. Da kommt dann neben Münzen noch einiges andere zum Vorschein. Schmuck, Viagra, Rabattmarken und vieles mehr. Das dauert! Die Zeit nutzen wir natürlich, um ganz ungeniert die Ahnengalerie in den Portemonnaies zu bewundern. Was uns da alles so angrinst – da wird uns oft angst und bange. Die Portemonnaies einiger weniger Herren sind tatsächlich bis zur Unkenntlichkeit zugeklebt mit Ablichtungen knapp oder überhaupt nicht bekleideter Damen ...

Zurück zu den Groschen. Bei 10,01 Euro nehmen wir selbstverständlich den Cent an. Manche von uns fordern ihn gar nicht erst ein. Bei anderen Beträgen ist es aber einfach nur unsinnig.

«19,97 Euro, bitte.»
«Warten Sie! Die 7 Cent habe ich bestimmt!»
(STÖHN)
«Oder sogar die 97 Cent!»
(O NEIN, BITTE NICHT)
«Das hilft Ihnen doch sicher! Sie brauchen doch immer Kleingeld.»

NEIN! Wir brauchen es nicht und wollen es nicht! Nur in den seltensten Fällen geht uns das Kleingeld aus. Jaja, ich weiß! «Wer den Pfennig nicht ehrt …!» oder «Kleingeld ist auch Geld!» Diese Sprüche bekommen wir immer wieder vorgebetet. Stimmt ja auch. Aber bedenken Sie dabei Folgendes: 3 Cent Wechselgeld haben wir in einer Sekunde griffbereit, aber die 7 oder gar 97 Cent, die der Kunde uns andrehen will? Die herauszufischen dauert meist eine kleine Ewigkeit. Das mag sich nach Haarspalterei anhören, aber Sekunden werden schnell zu Stunden. 1500 Kunden täglich, die nur 15 Sekunden nach Kleingeld suchen, verursachen eine Verzögerung von über 6 Stunden am Tag, 36 Stunden in der Woche. Das sind 2 zusätzliche Teilzeitkräfte.

Darum versuchen wir mit aller Kraft, unsere Kunden zu «erziehen», was sich oft als nervenaufreibend oder gar unmöglich herausstellt.

Ein junges Paar, noch grün hinter den Ohren, aber arrogant wie sonst was, steht an meiner Kasse. Ich nenne den Betrag, den sie zu zahlen haben.

Wie auf Kommando fangen beide gleichzeitig an, Münzen aus ihren Börsen herauszuklauben. Jedoch ohne sich abzusprechen à la: «Ich hab so viel, wie viel hast du?» Nichts! Kein Laut kommt über ihre Lippen. Und sie zählen und zählen.

Langsam komme ich mir ziemlich verarscht vor und suche schon nach der versteckten Kamera. Nach einer kleinen Ewigkeit in absoluter Stille (abgesehen vom Geklimper) ist meine Geduld dann schließlich zu Ende:

Jetzt aber zackig!

«Ähem. Wird das noch was heute?»

Keine Antwort. Sie wühlen weiter, jeder für sich. Jeder gefangen in seiner eigenen kleinen Welt. Die Kunden in meiner Schlange zappeln schon rum. Der nächste Kunde hat lediglich eine Tafel Schokolade und ein Brot auf dem Band. Darum sage ich zu meinem Pärchen: «Zählen Sie in Ruhe weiter. Ich kassiere dann schon mal den nächsten Kunden, bis Sie fertig sind.»

Ich greife gerade nach der Schokolade, als die junge Frau mich anschreit: «Wir sind fertig!»

Auf diese Tonlage reagiere ich schon gar nicht.

Sie brüllt nun regelrecht: «Ich habe gesagt, wir sind fertig!»

Und jeder für sich knallt ein Häufchen aus kleinen Münzen auf meine Kasse.

Wie haben die das nur gemacht? Telepathisch? Ich halte meine Wut, die sich vom Bauch ausgehend den Weg nach draußen zu bahnen versucht, zurück und erwidere so ruhig ich nur kann: «Ich habe es gehört», und wende mich wieder dem Schokoladen-Herrn zu, der schon ganz verdutzt aus der Wäsche schaut, um ihm sein Wechselgeld auszuzahlen.

Dann geht bei den beiden die Diskussion los.

Er: «Wir können auch woanders einkaufen.»

Sie: «Ja, hier kommen wir nicht mehr her.»

Er: «Sollen wir gehen?»

Sie: «Wie? Jetzt?»

Er: «Ja, wir lassen alles stehen und gehen woandershin.»

Sie: «Aber … ich weiß nicht. Meinst du?»

Er: «Ja? Sollen wir?»

Sie: «Hm, sollen wir?»

Mein Gott, Kinder! Habt ihr's bald? Jetzt ist aber gut!
Laut mische ich mich ein: «Also, was denn jetzt? Lassen Sie
den Kram hier oder nicht?»
Das ist zu viel für die beiden. Sie trennen sich endlich von
ihrer gefüllten Kiste und dampfen wutschnaubend ab. Ob
meine Erziehungsmaßnahme gefruchtet hat, wage ich zu
bezweifeln, aber zumindest habe ich in diesem Fall den zu-
rückgelassenen Einkauf wirklich gerne wieder in die Regale
zurücksortiert.

Die Teenies sind sowieso ein Fall für sich. Beschallt von megahippen Sounds über die Ohrstöpsel ihrer MP3-Player, stehen die Pubertierenden nervös vor einem. Das «Ich wünschte, ich wäre schon draußen» steht ihnen ins pickelige Gesicht geschrieben. Völlig ungeübt im Einkaufen, kriegen sie kaum ihre Zahnspangen auseinander und haben offensichtlich große Berührungsängste. Sie drücken sich in zwei Meter Entfernung von der Kasse herum, sodass man sich mit der Brust quer auf den Scanner schmeißen muss, um an den schüchtern hingehaltenen Geldschein zu kommen. Der ist meist nur noch ein heillos zerknuddelter Fetzen. Oder aber er ist mehrmals gefaltet zu einem nicht identifizierbaren Origami-Objekt, sodass man ihn erst entwirren und anschließend bügeln muss, um ihn in die Kasse zu bekommen. Wenn diese Künstler einen Schein als Wechselgeld zurückbekommen, falte ich den auch so schön niedlich klein zusammen und überreiche ihn dem verwunderten Teenager mit den Worten: «So hast du es doch sicherlich gerne.»

Jetzt aber zackig!

Viele unserer Kunden sind auch wahre Rechengenies.

«99 Cent!» Die Kundin gibt mir 1 Euro und 1 Cent!
Oder:
«2,50 bitte!» Der Kunde legt mir einen 5-Euro-Schein hin
und noch 1 Euro dazu mit den Worten «50 Cent habe ich
leider nicht». Häh?
Oder auch:
«67,28 Euro.» Ich bekomme 70 Euro und 20 Cent! Auch das
muss ich nicht verstehen?!?

Dazu muss ich noch bemerken, dass wir den erhaltenen
Geldbetrag nicht eintippen, damit die schlaue Kasse das
schön für uns ausrechnet. Das Kabel für diese Funktion ist
an THEOs Kassen wohlweislich abgeklemmt worden, denn
das würde wieder mal viel zu lange dauern – OOHHMMM.
Auch wir Kassiererinnen rechnen nicht – was wir, um genau
zu sein, sogar tunlichst vermeiden sollen, denn wer rechnet,
macht Fehler –, sondern wir zählen das Wechselgeld hoch.
Also von der Summe des Einkaufs zu dem Betrag, den der
Kunde uns gezahlt hat. Also zählen wir, genau genommen,
wir rechnen nicht! Zählen kann schließlich jeder Depp –
rechnen nicht!

Im Normalfall wechseln wir übrigens alles – egal, welche
Phantasierechnungen die Kunden sich so in ihren verwirr-
ten Köpfen ausdenken. Wir diskutieren nicht lange, sondern
wechseln, was das Zeug hält – ohne zu rechnen natürlich.

In den folgenden Fällen kann man natürlich nicht so einfach hochzählen. Nein, erst muss man runterzählen. Nein,

nicht minus! Das wäre ja rechnen, und das tun wir doch nicht! Und wenn man schön runtergezählt hat, kann man dann wieder hochrechnen – Verzeihung, hoch*zählen* meinte ich natürlich. Sie verstehen mich sicherlich, oder? Um also die nächsten Aufgaben unserer verkappten Mathematiker zu durchleuchten, müssen Sie sich schon ein paar Sekunden Zeit nehmen, um in die Tiefen dieser Logik vorzudringen und sie in ihrer ganzen Genialität zu erkennen.

Betrag: 73,25
Kunde zahlt: 105,50

… Nun gebe ich Ihnen ein Weilchen, um diese Aufgabe zu lösen. Also, schön hoch- und runterzählen …

Sie dürfen diese Seite gern als Schmierblatt verwenden

Jetzt aber zackig!

... Na? Hat's geklappt? War doch gar nicht so schwer!

Lösung: Das Rückgeld beträgt 32,25 – statt 26,75 bei glatten 100 Euro – bringt's das jetzt?

Und weil es so schön war, gleich noch mal, diesmal ein wenig schwieriger. Sie sind doch steigerungsfähig, oder?

Betrag: 25,63
Kunde zahlt: 32,25

Falls Sie dieses Mal etwas mehr Platz benötigen

Und? Wie lange hat's gedauert?

**Rückgeld: 6,62 – statt 4,37 Euro bei glatten 30 Euro. – Habt
ihr sie eigentlich noch alle?**

Was soll das? Wollt ihr uns wuschig machen? Oder wollt ihr
nur testen, ob wir unser Mathematikstudium wegen Un-

Jetzt aber zackig!

fähigkeit abgebrochen haben? Ergötzt ihr euch vielleicht an unserem Versagen?

Im Fall der nächsten Kundin war das anscheinend so, da musste selbst ich, als eines der Superhirne im Rauf- und Runterzählen, das Handtuch werfen.

«18,67 Euro, bitte!»

Sie gibt mir 22,53 Euro. Ich schaue sie verständnislos an.

«Und was jetzt?»

«Da rechnen Sie doch mal!»

(Das darf ich doch nicht!)

«Tut mir leid, da gibt es nichts zu rechnen. Sie müssen mir schon noch was geben, wenn ich Ihnen glatt wechseln soll.»

«Nein, so ist das schon richtig. Überlegen Sie doch mal! So schwer ist das doch gar nicht.»

«Das ist völlig unlogisch, was Sie mir hier hinlegen.»

«Sie sind noch nicht lange hier, oder? Ich habe selber ein Geschäft und kenne mich mit Geld aus, und ich sehe, dass Sie noch nicht so weit sind. Manche können es halt nicht.»

Hat die 'nen Knall oder was?

«Ich wechsle Ihnen alles, wenn es Hand und Fuß hat. Aber das hier ...»

Mit mitleidiger Stimme sagt sie: «Dann lassen Sie, ich sehe schon, Sie verstehen es nicht.»

Ich fühle mich, als hätte ich ein Schild auf der Stirn: «BIN DOOF».

Ich bin die vollkommen Verblödete, und sie, die Koryphäe in Sachen Geld, verlässt triumphierend die Arena und kehrt zurück zu ihrem Geschäft der begnadeten Zahlenbändiger.

Eine ältere Kundin russischer Abstammung kippt mir den gesamten Inhalt ihres Portemonnaies auf den Scanner. Dann sucht sie ewig lange darin herum, um mir den Betrag in möglichst kleinen Münzen zu zahlen.

Ich versuche sie freundlich darauf hinzuweisen, dass mir das zu lange dauert. Sie antwortet:
«Gäldbeutäl iss sso schwärrr!»
Ich schlage ihr vor, das Kleingeld in einer großen Flasche zu sammeln, woraufhin sie mich bitterböse anfunkelt – ich werde ganz klein auf meinem Stuhl. Mit derber Stimme und ihrem rauen russischen Akzent giftet sie mich an:
«Wöfürrr? Fürrr Sarg?»

Touché! Das hat mir dann doch wirklich die Sprache verschlagen. 1:0 für die Kundin, denn wenn ich mir sie so anschaue – die Zeiten, Münzen für Brautschuhe zu sammeln, sind wahrlich schon lange vorüber.

Inzwischen haben wir eine kleine Hilfe an die Hand bekommen, die von uns als dezenter Wink mit dem Zaunpfahl missbraucht wird. Wenn die Kassenklappe zu lange offen steht, ertönt ein monotones «piep, piep, piep» aus dem Untergrund. Und dieses extrem nervige Geräusch hört erst dann wieder auf, wenn die Kunden gezahlt und wir die Klappe wieder geschlossen haben. Eigentlich ist dies nur als Erinnerung gedacht, damit niemand von uns die Kasse verlässt, ohne sein Geld vor fremdem Zugriff zu schützen. Aber das wissen die Kunden ja nicht! Zumindest bis jetzt, wo sie das hier lesen. Wenn das Piepen ertönt, haben wir also un-

Jetzt aber zackig!

sere eigenen Interpretationen dafür parat: «Standzeit überschritten!» oder «Alarm! Beim dritten Mal gibt es eine Verwarnung für die Kassiererin». Und bei drei Verwarnungen: «Adiós Muchachos!» oder «Herzlichen Glückwunsch! Sie sind der 1000. Kunde. Sie haben gewonnen!»

Sehen Sie es doch mal so: Wie viel kostbare Lebenszeit würden Sie sparen, wenn Sie die mühsam herausgefriemelten «paar Gequetschten» einfach in einem Behältnis sammeln und dieses, wenn es schön prall gefüllt ist, in den dunklen Schlund der Zählmaschine im Eingangsbereich der Bank entleeren? Diese rattert die Münzen in null Komma nix durch. Und schon kann man vom ausgezahlten Geld den Pizzablitz bestellen oder den Postboten ekstatisch anschreien, der endlich die heiß ersehnten Schuhe liefert. Oder gar einen Kurzurlaub machen. Die Zeit dafür hat man schließlich auch wieder raus, weil der krankhafte Zwang, möglichst viele Münzen an der Kasse loszuwerden, nicht mehr befriedigt werden muss.

Die alten Hasen unter unseren Kunden wissen natürlich, wo es langgeht. Die sagen schon vorher, wenn sie mit Karte zahlen wollen. Oder sie sagen: «Ich geb Ihnen 'nen Zwanziger.» Dann können wir schon mal das Wechselgeld parat legen. Und das Kleingeld geben sie dann in solchen Geschäften ab, in denen es noch gemütlich zugeht.

Ich bin dabei, die Artikel eines älteren Ehepaares durchzuscannen.
Sie schaut mich an und spricht: «Gadde!»

Ich frage: «Bitte?»

Sie wiederholt: «Gadde!»

Wieder habe ich nur Gadde verstanden, was spricht sie nur für eine Sprache?

«Tut mir leid, ich verstehe Sie nicht. Was möchten Sie?»

Schon ein wenig genervt erwidert sie: «Na, Gadde!»

Hilflos schaue ich mich um. Mit Englisch weiß ich mir ja noch zu helfen, sogar ein paar Brocken Französisch kriege ich noch auf die Reihe, aber das hier? Endlich bemerkt der Ehemann, wie ich leide, und erlöst mich mit leicht sächsischem Akzent von meinen Qualen: «Wir möchten bitte mit Karte zahlen.»

Leistungswürger Nummer 2: Kartenzahlung

Wieder rollt ein Kunde genervt mit den Augen und seufzt laut. Anlass dafür ist der Herr vor ihm, der nichts anderes verbrochen hat, als seine EC-Karte zu zücken. Dabei gibt es gar keinen Grund für seinen Ärger, denn die Plastikgeldzahler sind oft bedeutend schneller fertig als die Kleingeldwühler. Die Zahlung per Karte geht meist recht flott über die Bühne, sofern der Kunde seine Geheimzahl kennt und auch fähig ist, diese einzugeben. Nun ja, dies ist leider nicht immer der Fall.

Das Auswählen der richtigen Bankkarte aus der Flut der vielen bunten Plastikkärtchen im Portemonnaie kann schon zum ersten größeren Problem werden. Da werden Mitgliedskarten der Krankenkasse, Ikea-Kundenkarten, Kinokarten und natürlich Kreditkarten ausprobiert. Richtig haarig wird es, wenn der Käufer drei oder noch mehr Karten von derselben Bank besitzt, nicht weiß, welche die Richtige ist und welche Geheimzahl zu welcher Karte gehört. Das Einführen der Karte in das Lesegerät ist dann schon die nächste Hürde, die es zu überwinden gilt. So herum, andersherum, oder doch vielleicht besser drehen? Hier ein kleiner Tipp am Rande: GRUNDSÄTZLICH IMMER ANDERSHERUM!

Irgendwann steckt das gute Teil dann endlich da, wo es hinsoll. Dann geht es aber erst richtig los. So ganz unerwartet und aus heiterem Himmel fragt dieses blöde Gerät doch wahrhaftig nach der PIN! Quasi in derselben Sekunde, in der der Kunde liest «PIN eingeben», legt sich ein Schleier des Vergessens über sein Hirn, und es ist wie leergefegt. Da ist guter Rat teuer! Manche bekommen Hilfe von ihrem Handy. Dort sind die geheimen Zahlen hinterlegt – irgendwo. Sie versinken tief im Menü ihres Mobiltelefons. Wo hab ich die nur gespeichert? Unter Notizen? Wie funktionierte das noch? Oder hatte ich sie doch als Rufnummer abgelegt? Und wenn ja, unter welchem Namen bloß?

Andere arbeiten auch noch mit den guten alten, handgeschriebenen Zetteln. Da steht die Nummer schön säuberlich drauf, und wenn man seine Brille dabeihat, kann man sie auch lesen. Wenn nicht? Tja, dann gibt man die Zahlen ein, die man zu sehen glaubt. Selten mit Erfolg.

Ein älterer Herr versucht seine PIN vom Spickzettel abzulesen. Ich rate ihm, ganz langsam zu machen, denn helfen kann ich ihm logischerweise ja nicht.

Plötzlich höre ich laut und deutlich: «5.»
Dann drückt er die Taste. Ich erkläre ihm, er dürfe die Num-
mern nicht laut sagen.
«3», ertönt es.
«Pssst, nicht laut vorlesen!», flüstere ich.
«5.»
«Schhhh!» Mein ängstlicher Blick fällt auf die restlichen
Kunden an meiner Kasse. Die sehen jedoch alle nicht nach
gewohnheitsmäßigen Kartendieben aus, sondern grinsen
sich einen und schauen dem alten Herrn belustigt zu. Als er
es endlich geschafft hat, übergebe ich ihm seine Karte mit
der nun nicht mehr geheimen Zahl und rate ihm, sie bloß
gut wegzupacken.

Eine andere Kundin bat mich bereits nach dem ersten Fehl-
versuch, die Nummer für sie einzugeben. 9843, verriet sie
mir und allen andern im weiteren Umkreis mit dröhnender
Stimme. Noch dazu reichte sie mir ungeduldig ihr Portemonnaie, auf dessen hellem Leder sie die Nummer kluger-
weise mit Kugelschreiber notiert hatte. Auf meinen krimi-
naltechnischen Hinweis entgegnete die resolute Dame, das
sei ihr alles wurscht!

Andere wiederum geben die PIN nur unter strengster
Beachtung aller von der Kriminalpolizei ans Herz gelegten
Vorsichtsmaßnahmen ein.

Eine Kundin gibt ihre Geheimzahl dreimal falsch ein, wo-
durch die Karte natürlich erst einmal gesperrt ist.
Ich rate ihr, zur Bank zu gehen, um eventuell eine neue Ge-

Jetzt aber zackig!

heimzahl zu beantragen. Worauf sie erwidert: «Nein, meine
PIN kenne ich doch! Es ist nur so schwierig, die blind einzugeben, wenn man mit der anderen Hand zur Abschirmung
die Tasten verdeckt.»

Eine andere Kundin steckt die Karte ins Lesegerät mit den
Worten: «Und dann hätte ich gerne noch etwas Geld.»
«Wie?», frage ich verdutzt.
«Na, ich möchte noch 50 Euro in Bargeld mitnehmen!»
Ich auch, denke ich so bei mir. Laut sage ich: «Wie meinen
Sie das?»
Woraufhin sie mir erklärt, bei manchen EC-Terminals sei es
möglich, einen höheren Betrag einzugeben und den Rest
ausgezahlt zu bekommen.
Das mag woanders funktionieren und auch schon weit ver-
breitet zu sein, unser THEO jedoch hinkt hinsichtlich Moder-
nisierung und Fortschritt immer leicht hinterher. Und THEO
als Bank? Das muss doch wirklich nicht sein!

Und wenn das unentbehrliche Terminal dann mal ausfällt,
was immer mal gerne samstags oder vor Feiertagen passiert, weil das gesamte System überlastet ist, dann geht die
Welt unter. Hilflos stehen die Kunden vor ihren gefüllten
Einkaufswagen und überlegen verzweifelt, wie es nun wei-
tergehen soll. «Lasse ich den Wagen hier stehen, um Geld
zu holen? Aber dann taut mein Hackfleisch auf. Oder ist
irgendjemand im Laden, den ich kenne und der mir Bargeld
leihen kann?» Die Einkaufswagen werden meist mit Na-
menszetteln bestückt und in einer sicheren Ecke deponiert,

dann macht man sich schnell auf den Weg zum nächsten Geldautomaten, der die Scheine natürlich auch nicht herausrückt, wenn es sich um ein bankspezifisches Problem handelt. So steht man denn über die Feiertage ohne Leckereien da und muss mit dem alten Käse vorlieb nehmen, der noch in der hintersten Ecke des Kühlschranks vor sich hin gammelt. Und das alles nur, weil man total abhängig von einem dünnen Plastikkärtchen ist.

Leistungswürger Nummer 3: P(l)ackereien

Natürlich gibt es neben den verschiedenen Zahlungsgewohnheiten noch andere Dinge, die den reibungslosen Ablauf enorm stören und uns und Ihnen die Zeit stehlen. Ganz oben auf unserer Hassliste stehen die Kunden, die keinen Einkaufswagen benutzen und ihre Waren an der Kasse in Kisten oder Tüten packen oder vor ihrer Brust gestapelt herausbalancieren. Die wollten selbstverständlich alle, ohne Ausnahme, «nur EIN Teil kaufen»! Glauben Sie mir, den Spruch kann ich nicht mehr hören! Vielleicht haben sie auch die wertvollen Tipps zum günstigen Haushalten in *Bild der Frau* oder irgendwelchen Selbsthilfebüchern gelesen: «Benutzen Sie bloß keinen Einkaufswagen, dann kaufen Sie mehr, als Sie wollen.» Alles Quatsch! Auch wenn Sie nur die Spannweite zwischen Ihren Armen bis zu Ihrem Kinn benutzen, kaufen Sie weit mehr, als Sie wollen. Obendrein ist es kompliziert, weil extrem unpraktisch, und stresst Sie so noch zusätzlich.

Jetzt aber zackig!

Andere benutzen zwar ganz brav einen Wagen, stellen aber dann ihre Kisten oder Tüten und Taschen hinein, um einen Arbeitsgang zu sparen. Kann es wirklich sein, dass der Kunde dahinter geduldig mit ansehen muss, wie der vorne in aller Seelenruhe sein Kistchen sortiert? Und noch nicht mal einen einzigen Gedanken daran verschwendet, dass er selbst eben noch zu den Wartenden ganz hinten gehörte und sich über ein ebensolches Verhalten maßlos geärgert hätte.

Ein ungeduldiges Gezeter vom hinteren Teil der gar nicht so langen Kassenschlange.

Ein Kunde fordert: «Nun öffnen Sie doch noch eine Kasse, das ist ja eine Zumutung, dass man hier so lange warten muss.»

Ich weiß genau, dass im Moment niemand für eine weitere Kasse zur Verfügung steht, denn es ist gerade Schichtwechsel. Die Kassen werden gerade abgerechnet und neue eingezählt. Ich drücke jedoch pro forma auf die Klingel, um meinen guten Willen zu zeigen und den Kunden erst einmal mundtot zu machen.

– Natürlich kommt niemand.

Nach einer Weile ist besagter Kunde an der Reihe. «Da kommt aber keiner, wenn Sie klingeln. Das gibt es doch nicht.»

Ich antworte: «Es ist halt niemand da.»

Woraufhin er widerspricht: «Ich habe aber hinten im Laden eine Kollegin von Ihnen gesehen.»

Ich erkläre ihm, dass diese Kollegin keine Kassiererin sei und somit auch keine Kasse hätte. Er führt seine Diskussion mit mir unbeirrt fort. Während des ganzen Wortwechsels wird die Warteschlange nun wieder länger und länger, ich muss mich sputen, denn ich habe noch ein paar Minuten zu überbrücken, bis die nächste Kasse geöffnet wird.

Sofort kommt die nächste Beschwerde desselben Kunden: «Jetzt bin ICH dran, nun machen Sie mal schön langsam.» Ich wünschte, diese Worte hätten alle anderen Wartenden gehört! Die hätten ihn glatt gelyncht. Er baut umständlich zwei leere Kartons in seinem Einkaufswagen auf, um die Sachen dort fein säuberlich einzuordnen. Ich vermindere mein Tempo nicht, helfe ihm jedoch dabei, seine Einkäufe im Wagen zu platzieren. Ich nehme ein Paket Küchenrollen, um sie neben einen der Kartons zu stellen. Er reißt sie mir aus der Hand und schwenkt sie bedrohlich hoch über meinem Kopf herum. Ich befürchte schon, er will sie mir über den Schädel ziehen. Dann beherrscht er sich aber und zetert los: «Jetzt hören Sie sofort auf, die Sachen reinzuschmeißen, Sie machen mir ja alles kaputt. Unverschämtheit, ich werde mich beschweren.»

Bei solchen Kunden steigt unser Herzschlag auf 180. Kurz vor Kabelbrand im Herzschrittmacher! Man könnte ihnen glatt an die Gurgel gehen. Aber meist haben wir uns im Griff und bewahren ganz vorschriftsmäßig und souverän die Ruhe. Bis nach Feierabend. Dann platzt es aus uns heraus, und unsere armen Ehemänner, Kinder, Freunde oder Eltern müssen unsere Schimpfsalven ertragen und das ausbaden, was wir eigentlich dem Kunden hätten vor den Latz knallen sollen.

Jetzt aber zackig!

Die ganz Korrekten stellen unnötigerweise alle 25 Dosen Gulaschsuppe auf das Band und lassen sie akkurat aufgestellt wie bei einer Militärparade bis zu uns marschieren. Ein einziger salutierender Gulaschdosen-Soldat wäre satt und genug gewesen.

Das andere Extrem gibt es auch. Diese Kunden haben von jedem der 20 verschiedenen Artikel auf dem Band noch jeweils ein bis zwei weitere im Wagen gelassen. Sodass wir nach jedem Joghurtbecher und Nougatcremeglas immer wieder den Kopf vom Band zum Wagen und zurück wenden müssen. Das reinste Schleudertrauma!

Und immer wieder die schweren Getränke-Sixpacks. Die Kunden hieven diese 9-Kilo-Packs mit einigem Kraftaufwand aufs Band und sind genervt, wenn wir sie bitten, diese im Wagen zu lassen. Wenn wir alle Getränkepacks durchscannen müssten, hätten wir am Abend durchschnittlich 6 Tonnen (!) Flüssigkeit mit dem linken Arm am Scanner vorbeigezerrt. Klitschko wäre zwar stolz auf uns, aber wer will schon ein Kreuz, das links doppelt so wuchtig ist wie rechts. Quasimodo?

«Würden Sie bitte das Wasserpaket wieder in den Wagen zurückstellen?», bitte ich äußerst freundlich den Herrn im mittleren Alter mit der – ganz nebenbei erwähnt – athletischen Erscheinung.
«Nein! Jetzt steht es da, jetzt bleibt es auch da!»
Raten Sie mal, welches Wort mir da spontan durch den Kopf geht?

Ein Ehepaar um die 60. Er stellt drei volle Kisten Wein aufs Band. Ich war noch anderweitig beschäftigt, darum habe ich es zu spät gesehen. Vorsichtig bemerke ich: «Die Kisten können alle im Wagen bleiben. Ich brauche nur je eine Flasche.»
Woraufhin er aufbraust wie ein HB-Männchen und mich anbrüllt: «Dann kommen Sie gefälligst her und räumen den Scheiß selber auf!»
Dasselbe Wort …

Den Vorschlag seitens der Kundschaft, wir sollten doch Hinweisschilder aufhängen, welche Artikel im Wagen bleiben sollen und welche nicht, kann man getrost vergessen. Zum einen würden die Kunden diese ebenso wenig lesen wie das leuchtende «Kasse geschlossen». Zum anderen schickt es sich selbstredend nicht, den Kunden durch Schilder in irgendeiner Form zu diffamieren oder belehren zu wollen! (Darum tun wir das nun auch hier auf diesem Wege.)

Jawoll! Darum dürfen unsere Kunden bei THEO auch Einkaufstaschen, Rucksäcke, Reisetaschen und Koffer mit reinbringen. Darum gibt es auch keine Spiegel an den Kassen, mit deren Hilfe die Kassiererin unauffällig kontrollieren könnte, ob sich noch etwas im Wagen befindet. Wir bei THEO vollbringen dann lieber akrobatische Kunststücke an der Kasse, um die letzten Ecken des Einkaufswagens zu inspizieren und sämtliche Gepäckstücke anzuheben oder hin und her zu rücken.

Jetzt aber zackig!

Leistungswürger Nummer 4: Unfälle

Auch gibt es kleinere Unfälle durch Artikel, die vom Band
fallen und aufgewischt werden müssen. Deswegen bitten
wir die Herrschaften jenseits des Bandes immer, alle Flaschen liegend auf dem Band zu platzieren. Ganz oben auf der
Hitliste der herunterfallenden Objekte steht die Ölflasche.
Die daraus entstehende glitschige Pfütze ist eine Gefahr für
Leib und Leben unserer Kunden – welches es natürlich unter allen Umständen zu schützen gilt! Die Maßnahmen, die
dazu ergriffen werden müssen, kosten Zeit. Hier verrate ich
Ihnen also den «ultimativen THEO-Hausfrauen-Tipp des Ta-
ges»: Was tun, wenn eine Flasche Öl auf dem Küchenboden
zu Bruch geht? Kein Problem, vorausgesetzt, Sie verfügen
über einen großen Vorrat an Salz. Mindestens zehn Pakete,
besser 15 oder 20 werden auf das Öl gekippt. Man schaut eine
Weile zu, wie das Salz das Öl aufsaugt. Dann nimmt man
seine dicken Patschehändchen und reibt damit fest über
den Boden und massiert somit das noch trockene Salz ein.
Und gleichzeitig die vielen, winzig kleinen Glassplitter, die
man vorher glatt übersehen hat. Zum Schluss wird alles zu-
sammengefegt und entsorgt. Eine Riesenschweinerei, sage
ich Ihnen, aber effektiv! – Von den bluttriefenden Händen
mal abgesehen.

Auf dem zweiten Platz der beliebtesten vom Band fallen-
den Artikel folgt die Schnapsflasche, wobei das abhängig
von der Tageszeit ist. Fällt der gute Tropfen am Abend, ist
es halb so schlimm, aber purzelt der Whiskey am Morgen
vom Band – bei nüchternem Magen der Kassiererin –, lässt

der langanhaltende Gestank sie nur noch zur Toilette laufen. Oder sie singt schmutzige Lieder, weil der Alkohol ihr so zusetzt.

Leistungswürger Nummer 5: Handtaschen

Und wieder die Damen. – Um genau zu sein, die Damen mit ihren Handtaschen. Andere scheint es ja nicht zu geben. Die haben alle nur einen Arm! Der andere ist nur der Haken! Für die Handtasche! Die sind schon so auf die Welt gekommen. Was denken Sie, warum heutzutage so viele Kaiserschnitte durchgeführt werden? Die Mädels kommen anders ja gar nicht raus, denn ihre Arme sind schon im Mutterleib mit dem Ellbogen an die Taille gedrückt, und die Hand steht affektiert seitlich weg. Im Kleinkindalter tritt dieses Phänomen wohl wieder etwas in den Hintergrund, aber dann! Schauen Sie sich die Mädels ab zwölf doch mal an! Kaum setzt die Pubertät ein, schwupp, biegt sich dieser Haken wieder nach außen und besinnt sich auf seine Daseinsberechtigung.

Ich weiß nicht, wie die Männer das schaffen? Was hat die Natur sich bloß dabei gedacht, sie ohne Handtasche auf die Welt zu spucken? Die haben ihre Portemonnaies immer griffbereit. Es gibt nur wenige Frauen, die ihr Geld in der Jackentasche oder Hosentasche mit sich führen. Das macht ja schließlich auch so unvorteilhafte Beulen. Ihre Handtaschen beinhalten nicht nur die Geldbörsen und Autoschlüssel, sondern leider noch Unmengen von anderem

Zeug – wie ja allgemein bekannt ist. Das macht die Sache ja auch so schwierig, denn wenn die Kassiererin den Betrag einfordert, muss Frau sich erst einmal durch das Chaos von Mentos, Labellos und Antibabypille wühlen. Manche Damen schaffen es nicht einmal beim Kauf einer einzigen Tüte Gummibärchen, ihr Geld schon vorher herauszukramen und bereitzuhalten. Sie stehen abwartend vor uns und sind vollkommen überrumpelt, dass wir so plötzlich und unerwartet Bares von ihnen verlangen.

Eine Handtaschenhalterin wird aufmerksam von der Kundin hinter ihr beobachtet, wie sie umständlich mit einer Hand versucht, Herrin der Lage zu werden. Man sieht förmlich, wie es in ihr brodelt, als die wartende Kundin sich mit gespielt höflicher Stimme anbietet: «Soll ich Ihre Tasche halten?»

Worauf die Handtaschendame verwundert ablehnt: «Nein danke, es geht schon.»

Hat sie wohl nicht verstanden …

Da war eine andere Kundin in einer ähnlichen Situation schon direkter: «Soll ich Ihnen einen Arm leihen?»

Die Handtaschendame antwortet hocherfreut: «Ach, das wäre ja ganz furchtbar nett von Ihnen!»

Woraufhin die hilfsbereite Kundin ihr Angebot zurückzieht und trocken erwidert: «Aber ich sehe ja – Sie haben ja selbst noch einen!»

Die THEO-Tupperparty

Liebe Leute, habt ihr es denn immer noch nicht begriffen? Wir sind nicht doof! Eure Tricks – wir kennen sie alle! Was ihr uns hier manchmal unterjubeln wollt, schreit einfach zum Himmel!

Was sollen wir denn eurer Meinung nach davon halten, wenn ihr uns einen grünschimmeligen Duschkopf zurückbringt, der so verkalkt ist, dass keine Düse mehr darunter zu erkennen ist, und uns dann noch erzählt, ihr hättet ihn gerade mal zwei Wochen benutzt? Der Bon ist natürlich nicht mehr vorhanden – wer hebt den schon auf! Und rein zufällig haben wir just in dieser Woche wieder Duschköpfe im Angebot. Für wie vernagelt und blöd haltet ihr uns eigentlich?

Oder die ausgedienten Lichterketten für den Weihnachtsbaum, mit denen wir alljährlich um die Festtage herum wieder zugeschüttet werden. Auf die Art braucht man nur einmal eine Lichterkette kaufen, die man dann jedes Jahr wieder gegen eine Neue umtauscht.

Eigentlich gilt das für alles. Wenn im THEO wieder mal Computer im Angebot sind, bringt man uns die Ollen zurück. Egal, was in der Aktion geboten wird, die Kunden schleppen fast so viel ungeliebten Schrott rein, wie sie mit rausnehmen. Da werden Dachböden durchforstet, Keller durchwühlt und Garagen geräumt. Schnell, schnell, der THEO hat's wieder! Nix wie hin! Ein Duschkopf fürs Leben. Eine Lichterkette fürs Leben. Ein PC fürs Leben. Alt für Neu heißt die Devise. Die THEO-Tupperparty hat begonnen! Lebenslange Garantie auf alles! Aber nicht mit uns, Freunde! So läuft das nämlich nicht im Leben – leider!

Die stinkigen, ausgelatschten Schuhe, die ihr vor vier Jahren bei uns zum Schnäppchenpreis von 9,99 Euro erstanden habt, könnt ihr behalten. Da nützt es auch nichts, nachzuhelfen und mit der Schere ein perfektes Loch hineinzuschneiden. Die Handtücher, die strahlend weiß gekauft wurden, die ihr natürlich nicht – Gott bewahre – mit einer roten Socke zusammen gewaschen habt und jetzt in Schweinchenrosa vor uns liegen. Auch die wollen wir nicht! Die ehemals frischen Teilchen, die inzwischen bereits seit drei Wochen abgelaufen sind und die uns nun – kaum noch erkennbar unter dem grünen Pelz – vor der Nase hin und her geschwenkt werden. Das ist doch nicht euer Ernst? Oder die Palette Katzenfutter, die ihr uns zurückbringt, weil die Mieze das Zeitliche gesegnet hat – tut doch um Himmels willen was Gutes und spendet es dem Tierheim. Die beiden Flaschen Sekt, die auf eurer öden Geburtstagsparty nicht getrunken wurden, und die drei Tüten Chips, die auch niemand mehr wollte. Meine Güte! Spült damit euren Frust runter, verschenkt sie oder werft sie weg, aber bringt sie uns doch nicht wieder! Und auch das Hackfleisch, das braun vor sich hingammelt, weil ihr im Hochsommer nach eurem

Einkauf bei uns noch damit durch die Gegend getuckert seid oder es zu Hause auf der sonnigen Fensterbank habt liegen lassen. Nein, nein und nochmals nein!

Dann nehmen wir doch lieber eine vor zwei Tagen gekaufte Bratpfanne zurück mit der Erklärung: «Die Pfanne brät nicht!» Die arme Pfanne kann ja schließlich nichts dafür, dass die Köchin unfähig ist. Da haben wir dann wenigstens noch was zu lachen, wie auch bei dem Blauschimmelkäse, den wir der Kundin ganze dreimal umgetauscht haben, weil: «Da ist ja Schimmel dran!»

Eine Kundin steht vor mir und reklamiert eine Packung Schokoküsse: «Die schmecken irgendwie zäh!»
Bevor ich ihr Ersatz anbiete, werfe ich einen kurzen Blick in die Packung und bemerke spitz: «Na, so schlecht waren sie ja dann wohl doch nicht?»
In einer Ecke der Packung stehen nur noch zwei einsame Exemplare des «zähen, ungenießbaren Zeugs».
«Ja, wir waren halt eine große Gruppe», erwidert die Kundin schamlos.
Erst nachdem sie längst den Laden verlassen hatte – in der Hand triumphierend ein frisches Paket Schokoküsse –, fiel mir auf, dass ihre Reklamation das Mindesthaltbarkeitsdatum schon deutlich überschritten hatte.

Seien Sie ehrlich: Würden Sie sich das trauen? Nun ja, trauen wahrscheinlich schon. Falls Sie eine Wette laufen haben oder eine Mutprobe zu bestehen. Ansonsten wäre das aber doch jedem halbwegs normal tickenden Menschen nur peinlich, oder? Für die paar Kröten! Da schmeißt man es doch besser in den Müll. Oje, ich höre schon Ihren entrüsteten Aufschrei: «Aber die armen Menschen, die Hunger leiden.» Sicher, auch ich denke oft: Andere wären froh, wenn sie es hätten! Aber leider ist damit auch niemandem geholfen, wenn Sie uns zwei Dickmänner zurückbringen. Wir schicken sie dann ja schließlich nicht in die Welt hinaus, um Hungersnöte zu lindern.

Was geschieht wohl mit dem Müsli, das noch originalverpackt zurückkommt, aber «bei uns keiner isst»? Wir dürfen das nicht mehr ins Regal zurückstellen. Kühlartikel schon gar nicht. Aber auch die anderen Lebensmittel nicht. Wissen wir, wo und wie lange das bei dem Kunden gelegen hat? Oder ob der Kunde es gar manipuliert hat? Darum reagieren wir bei Lebensmitteln, die man uns zurückbringt, mit wenig Verständnis, weil es einfach eine Schande ist. Es wäre doch sinnvoller, es dem Nachbarn zu schenken oder einem Wohltätigkeitsverein wie der Tafel zu spenden.

Eine Dame möchte eine Relaxliege umtauschen, die sie vor einer Minute erstanden hat. Ich erkundige mich, ob die Liege defekt sei, woraufhin die Frau erwidert: «Nein, ich habe sie noch gar nicht geöffnet. Aber der Karton ist verschmutzt. Ich möchte mir eine neue holen!»

«Okay, nehmen Sie dann bitte diese mit nach hinten und stellen sie wieder zu den anderen?»

Die Kundin sieht mich ungläubig an und meint voller Entrüstung: «Aber die können Sie doch nicht mehr verkaufen! Mit dem staubigen Karton!»

Da verlangen die Leute allen Ernstes, wir sollen ein Produkt für 29,99 Euro verschrotten, nur weil der Karton verschmutzt ist …

Ach, beinahe hätte ich sie vergessen: die Müllbeutel! Feierlich überreichte mir eine Kundin einen einzelnen Müllbeutel. Die durchsichtige Sorte. Fragend sah ich sie an. Sie erklärte mir, sie habe nun schon mehrere Rollen unserer Müllbeutel gekauft, und immer sei die letzte Tüte auf der Rolle – die dreißigste, um ganz genau zu sein – verschmutzt. Ich musterte das Beweisstück, konnte aber keine Unreinheiten feststellen. Daraufhin deutete sie auf ein winziges Schmutzfusselchen im Innern des Beutels – eines Beutels FÜR MÜLL wohlgemerkt, der nicht mal 2,5 Cent kostet …

«Der Obstbaum, den ich vor einem Jahr hier bei Ihnen gekauft habe, ist nicht angegangen! Da müssen Sie mir das Geld zurückgeben!»

Oder, kaum zu glauben:

«Die Fliederbüsche möchte ich zurückgeben. Die sind mir alle erfroren! Da habe ich schließlich viel Geld für bezahlt!»

Manche Herren der älteren Generation wollen einfach nicht wahrhaben, dass ihr Wissen über die heutige Technik einige Lücken aufweist. Es ist doch nichts dabei, zuzugeben, dass einem die moderne Kommunikationstechnik einfach über den Kopf wächst. Selbst die Jüngeren kommen da zum Teil

Die THEO-Tupperparty

60

nicht mehr mit. Aber nein! Der ältere Herr hat den totalen Durchblick, bringt aber zum vierten Mal in drei Tagen einen Dia-Scanner zurück, der angeblich defekt sein soll. Jedes Mal gibt die Kollegin ihm wieder ein Austauschgerät mit. Auf ihre vorsichtige Frage, ob es denn EVENTUELL möglich sein KÖNNTE, dass es an ihm oder seinen Anschlüssen zu Hause liegt, ergießt sich direkt ein Wortschwall der Entrüstung. Man kenne sich schließlich damit aus!

Alle anderen verkauften Dia-Scanner im Bezirk funktionierten im Übrigen anscheinend einwandfrei – wir hatten keine weiteren Reklamationen!

«Die möchte ich zurückgeben. Die ist kaputt», verlangt ein älterer Herr und übergibt mir eine Personenwaage.

«Es ist nämlich so: Meine Frau und ich wiegen gleich viel. Immer! Aber nicht auf dieser Waage hier. Dann haben wir einige Tests durchgeführt. Wir haben uns zusammen draufgestellt» – bei der Vorstellung muss ich einfach grinsen –, **«und das Ergebnis stimmte nicht. Dann habe ich mich mit Pantoffeln gewogen. Dann ohne. Auch das stimmte nicht. Und als ich schließlich die Pantoffeln alleine auf die Waage stellte, zeigte sie null an!»**

Bevor er mir noch erklärt, was er sonst noch alles ausgezogen und gewogen hat, bemerke ich schnell: «Es ist ja auch eine Personenwaage und keine Pantoffelwaage!», und gebe ihm sein Geld zurück.

Einige Kunden schwören Stein und Bein, den zu reklamierenden Artikel bei uns gekauft zu haben. Das THEO-Grundsortiment ist übersichtlich, und wir kennen es in- und auswendig. Auch unser Scanner spricht die Wahrheit – einer der wenigen Vorteile des Gerätes –, wenn er wild zu piepen beginnt und uns damit sagen will: «Das Teil kenne ich nicht!»

Da werden olle Schnitzel von Lidl, Schimmelwurst von Aldi, stinkende Paprika von Penny und grüner Käse von Norma auf den Tresen geknallt und versucht, sie in Bares zu tauschen. Besonders zum Monatsende hin, wenn das Geld knapp wird, kommt so einiges wieder zurück, worauf man einigermaßen gut verzichten kann. Von Kleidung über Deko-Artikel bis hin zu feinen Pralinen oder gar Waschmittel. Ich warte auf den Tag, an dem mir jemand seine Schwiegermutter bringt. Die nehmen wir dann auch noch, sofern sie noch putzen kann.

«Den Weichspüler von Ihnen kann man vergessen! Der färbt mir meine ganze Wäsche blau!», zetert die aufgebrachte Kundin und knallt die Flasche Weichspüler auf die Kasse.

«Der ist aber nicht von uns», antworte ich.

«Aber natürlich! Ich gehe nirgendwo anders einkaufen. Ich kaufe nur hier bei THEO!»

Ich kontere: «Und ich arbeite schon ein paar Tage hier, dieses Zeug haben wir nie gehabt.»

«Aber ich bin doch nicht senil! Ich weiß doch, wo ich die gekauft habe! Die ist ganz bestimmt von hier!»

Ich drehe die Flasche und lese: «Hergestellt und abgefüllt für NETTO».

«Da», sage ich zur Kundin, «NETTO», und zeige auf das

Etikett. Trotzdem tausche ich der erstaunten Kundin ihre Flasche gegen eine Flasche guten THEO-Weichspüler, und sie geht happy ihrer Wege.

Das Unglaublichste, was mir je zurückgebracht wurde, war eine Dose Suppengrün. Sie war geöffnet, und die Kundin überreichte sie mir vorwurfsvoll mit den Worten: «Riechen Sie mal!» Ich konnte mich gerade noch beherrschen! Wo kämen wir denn hin, wenn wir überall unsere Nase hineinhalten würden oder – besser noch – alles probieren würden, was die Kunden uns so vors Gesicht halten. Ich sah mir die Dose an. Die verkaufen wir nicht im THEO. Andererseits, so gänzlich unbekannt kam sie mir auch nicht vor, aber die Erinnerung war sehr blass.

Meine Kollegin aus der Nebenkasse bestätigte mir, Suppengrün hätten wir schon seit Jahren nicht mehr im Sortiment. Ich ahnte Böses. Mein ängstlicher Blick wanderte unter die Dose zum Mindesthaltbarkeitsdatum, und meine Befürchtungen wurden noch weit übertroffen. Ich las nämlich das Geburtsjahr meines Sohnes – und der war inzwischen schon ziemlich groß! Wenn man dann noch davon ausgeht, dass Suppengrün beim Kauf noch etwa zwei Jahre haltbar ist, dann stand dieses Dinosaurier-Kraut ganze zwölf Jahre in der Küche der Kundin. Igitt! Mich schüttelt es bei dem Gedanken, welche vorsintflutlichen Lebensmittel dort noch immer vor sich hingammeln oder gar schon krabbeln.

Eine andere Unart vieler Kunden löst bei uns regelmäßig fast Schreikrämpfe aus:

Die Kundin hat alle ihre Waren auf das Band gelegt. Im Wagen befindet sich noch ein Artikel, ein BH.

Meinen Blick quittiert sie mit einem: «Den hab ich umgetauscht!»

«Und? Welcher Kassiererin haben Sie Bescheid gegeben, dass Sie etwas umtauschen möchten?»

«Na, keiner. Ich hab doch den Kassenbon!»

Oft haben diese autonomen Tauschhändler nicht mal einen Bon, das ist noch schlauer! Aber sogar der Besitz eines Bons beweist gar nichts. Die findet man zuhauf im Laden. Sie wachsen sogar wild auf der Wiese vor der Filiale.

Aber ob mit oder ohne Bon – wo gibt's denn so was? Haben Sie das schon mal in einem anderen Geschäft gemacht? Versuchen Sie das mal! Da werden Sie aber Ihr blaues Wunder erleben! Aber von THEO wird es erwartet. Wenn wir besagten Kunden die Regeln erklären, stoßen wir auf Unverständnis und Pikiertheit, aber nie auf wirkliche Einsicht. Dabei wird den Kunden der Umtausch bei uns doch wirklich einfach gemacht. Alles läuft unbürokratisch und schnell ab. Man braucht sich nicht anzustellen, sondern kann direkt vorne zur Kassiererin marschieren. Dort bekommt man relativ zügig und ohne viel Aufhebens sein Geld zurück. Wir fragen noch nicht mal nach «Warum?» und «Wieso?» und wollen auch gar nicht wissen, wo genau das zu enge Höschen zwickt.

In manch anderen Geschäften muss man dagegen erst Nummern ziehen, wie beim Arzt, und warten, bis man aufgerufen wird. Oder nach zwei Wochen ist die Umtauschfrist abgelaufen. Sie ernten nur ein Kopfschütteln – zu spät!

Liebe THEO-Kunden, seien Sie doch mal ehrlich! Da sind Sie doch bei uns ganz gut bedient. Hier wird nicht groß Trara gemacht. Sie tauschen um und fertig. Da wäre es doch nicht so schwer, diese klitzekleine Regelung zu beachten, oder?

Im Land der unbegrenzten Möglichkeiten. Aktionstag bei THEO

Vorne gibt die Kassiererin Vollgas, die Augen und die Finger fliegen hin und her im Akkord, sodass schon mal die wohlwollende Warnung kommt, sie solle bloß aufpassen, dass sie sich die Arme nicht verknotet. Sie fühlt sich angestarrt, spürt die Blicke von zig ungeduldig Wartenden stechend im Nacken. Bei einer neuen Kassiererin mag dies heftiges Zittern und eine ungesunde, tomatengleiche Gesichtsfarbe hervorrufen. Aber nach kurzer Zeit gewöhnt sie sich daran, auf dem Präsentierteller zu sitzen und jede ihrer Bewegungen, ihre Mimik und alles, was sie sagt, dem Voyeurismus der Öffentlichkeit preiszugeben. Und noch etwas später interessiert es sie einfach nicht mehr, dass alle nur auf sie warten. Denn sie weiß: Sie gibt alles – mehr geht nicht! Das Ende der Schlange, welches sich irgendwo im unendlichen Dunkel des Ladens verliert, und die angespannten Gesichter werden ausgeblendet. Entweder sie verfällt in eine Art Trance – wenn sie schon einige Tage dieser Art in Folge durchmachen musste –, oder sie dreht auf zur Höchstform, versucht vorne alles mit Humor zu nehmen und mit einem lockeren Spruch auf den Lippen gute Laune zu verbreiten. Und – siehe da – die, die eben noch nervös von einem Bein auf das andere tänzelten oder gar lautstark ihrem Ärger

Luft machten, werden angesteckt. Hier wird gescherzt, dort drüben erzählt und gelacht, und schon verlässt man diesen Vorhof der Hölle frohgestimmt und gutgelaunt. Eine Kassiererin ist eben nicht nur eine Kassiererin. Sie ist genauso Entertainer und Comedian, Psychologe und Richter, Lehrer, Ernährungsberater und Schauspieler.

Sich an einem solchen Tag als Verkäuferin in dem Gewühl im Laden durchkämpfen zu müssen, ist eine ganz andere Liga und wahrlich auch kein Vergnügen. Die Schnäppchenjäger verstopfen die Gänge, aber auch ein paar kleine Masochisten, die nur ein paar Lebensmittel benötigen, sich aber die einzigartige Atmosphäre an solchen Tagen nicht entgehen lassen wollen. Viele treffen sich bei uns auch nur zum Quatschen. Es sind immer dieselben, die alte Bekannte hier treffen und im Hauptgang oder direkt vor der Lagertür die Neuigkeiten der letzten zehn Jahre austauschen. Die kommen im Traum nicht drauf, dass sie im Weg stehen könnten! Wenn man dann das dritte Mal mit einer Palette dort vorbei muss und das nette Beisammensein genervt auseinanderreißt, kommt von uns immer der Wink mit dem Zaunpfahl: «Soll ich Ihnen noch 'nen Kaffee bringen?» – «O ja! Das wäre aber nett! Eine tolle Idee! Das könnte THEO doch wirklich mal einführen!»

Es gleicht einem Spießrutenlauf, bis man mit der Palette zum Auffüllen der Aktionsware am Ziel angekommen ist. Oft schafft man es auch nicht, denn kaum ist man aus der Lagertür raus, fallen die Kunden über einen her. Oder hat man sich nach vielen «Darf ich mal bitte durch?», «Vorsicht, bitte!», «Haaallooo!», «Ich müsste da mal hin!», «Könnten Sie mal bitte zur Seite gehen, Mensch?» und durch zwanzig leere Einkaufswagen, die kreuz und quer herumstehen, endlich zum nahezu leer geräuberten Tisch vorgearbeitet, stecken dort etwa acht Köpfe tief drinnen, und doppelt so viele Hände wühlen darin herum. Und die denken nicht im Traum daran, ihren mühsam ergatterten Logenplatz freiwillig abzugeben. Oder sie umzingeln die neue Palette, dass man keine Chance hat, eine Kiste aufzuschneiden und in den Tisch zu leeren, ohne einem den Karton über die Rübe zu hauen. Aber auch das ist selbstverständlich schon passiert. Wenn gar nichts mehr geht, nehmen wir einfach die volle Palette mit den topmodischen und heiß begehrten Damen-Lederstiefeln wieder mit – und die Damen gucken dumm aus der Wäsche. Da haben sie eben Pech gehabt. Bei Kindern funktioniert's ja auch.

Donnerstagmorgen so gegen 7:30 Uhr – Schichtbeginn.
Eine ältere Dame, geschätzte 70 Jahre, sitzt auf einem Klappstühlchen vor der Filiale, liest die BILD und schenkt sich aus einer Thermoskanne Kaffee in einen Becher. Fast wie beim Camping, nur das Zelt fehlt. Ich denke: Was mag sie wohl wollen?, da erzählt sie mir auch schon freudestrahlend: «Ich brauche dringend die Koffer, die heute im Angebot sind. Ich will unbedingt als Erste rein!»

Anfangs wurden am Aktionstag lediglich vereinzelte Produkte aus dem Lebensmittelbereich preisgünstiger angeboten. Von Jahr zu Jahr kam mehr dazu. Und aus einem

Aktionstag in der Woche wurden zwei. Inzwischen verkaufen wir nahezu alles. Von A wie Ampelpflanzen über G wie Gehhilfen bis Z wie Zierfischfutter. Sie glauben gar nicht, was Mensch so alles gebrauchen kann. Schon die Vielfalt in den einzelnen Warengruppen zeigt: Im Paradies kann es nicht schöner sein! THEO – das Land, wo Milch und Honig fließen.

Zum Beispiel Socken. Socken in allen nur denkbaren Variationen und für alle Lebenslagen: Bambus-Socken, Sport-Socken und Skater-Socken. Lauf-Socken, Outdoor-Socken und Angora-Socken. Massage-Socken, Klima-Socken, Bio-Socken und Wellness-Socken mit pflegenden Aloe-Vera-Mikrokapseln! Regelmäßig plagt mich das schlechte Gewissen bei den häufigen Sport-Aktionstagen. Seit ich bei THEO bin, treibe ich Sport während der Arbeit und nicht mehr nach Feierabend. Wenn ich an die Vielfalt im Sportbekleidungs-Angebot denke, wird mir schlecht: Fahrradhosen, Laufhosen, Jogginghosen, Trekkinghosen, Nordic-Walking-Hosen, Fitnesshosen, Wellness-Hosen, Workout-Hosen – wer kennt den Unterschied? Ist das nicht Jacke wie Hose?

Oder Bambus-Handtücher! Ich versuche seit Jahren ein paar stinknormale Handtücher bei THEO zu erstehen, aber Fehlanzeige! Luxus-, Bio- oder Bambus-Handtücher braucht die Menschheit! Manches Mal, wenn wieder ein Run auf Dinge stattfindet, die die Welt nun wirklich nicht braucht, denke ich mir, wir könnten sogar Sch… schön ansprechend verpacken: *Nur heute bei THEO – zum Aktionspreis zu 99 ct/500 g!* Wozu braucht man das? Keine Ahnung! Egal! Wenn THEO das so günstig anbietet, wird es wohl der Knaller sein!

Nun stehen, wie bereits erwähnt, an zwei Tagen in der Woche die Angebotsjäger mit scharrenden Hufen vor THEOs Türen – eine halbe bis dreiviertel Stunde vor Öffnungszeit, versteht sich. Es gleicht einem Formel-1-Rennen: grüne Ampel, Tür auf, und ohne Rücksicht auf Verluste rasen die Schnäppchenjäger in den Verkaufsraum. Wenn es nicht – wie so häufig – zum Stau kommt, weil zwei besonders Schlaue gleichzeitig mit ihren Einkaufswagen durch die Tür kommen und sich hoffnungslos verkeilen. Wir stehen vorne und wundern uns, dass die Kunden heute ausbleiben, bis wir bemerken, dass im Eingang hektisch gezerrt und geschoben wird, damit die Bahn wieder frei wird. Unterwegs werden die Konkurrenten mit Ellbogenchecks abgedrängt. Manche laufen ohne Einkaufswagen, die sind natürlich schneller. Einige kommen sofort zur Kasse und fragen, wo der gesuchte Artikel aufgebaut ist, und die Wiederholungstäter wissen immer ganz genau, wo die Artikel liegen, die sie benötigen. Es ist immer wieder herrlich, sich das Schauspiel montags und donnerstags anzusehen. Während die Ersten ihre Schätze schon bezahlt und in Sicherheit gebracht haben, tappen die Letzten aus der draußen wartenden Schlange gerade zur Eingangstür herein.

Manche Berufsgruppen sind klar im Vorteil, wie beispielsweise die Friseure, die montags ihren freien Tag haben und dann zumindest an einem der Angebotstage ohne schlechtes Gewissen ihrem Hobby frönen können. Einige Schlaue – meist Hausfrauen mit Nebenjob – machen schon im Voraus einen Deal mit ihrem Arbeitgeber: «Montags und donnerstags kann ich unmöglich vormittags arbeiten! An diesen Tagen muss ich mit meinem kränklichen Vater (heißt der zufällig THEO?) zum Arzt.» Oder: «Mein Kind hat an den beiden Tagen feste Termine beim Psychotherapeuten, Dr. THEO.» Diejenigen, die jedoch das Pech haben, einer geregelten Tätigkeit nachzugehen, haben das Nachsehen. Sie müssen hoffen, dass nach Feierabend noch etwas vom Braten übrig ist. Oder aber sie aktivieren Verwandte, Freunde oder Nachbarn, die sich an ihrer Stelle ins Gewühl stürzen dürfen.

Natürlich versuchen die Kunden immer wieder, uns zu überreden, ihnen den Artikel schon am Abend zuvor zu verkaufen – natürlich ohne Erfolg. Wenn wir damit anfangen würden, hätten wir mittwochabends die Bude voll, und donnerstags wäre natürlich kaum noch was da.

Oder zurücklegen! Dann bräuchten wir eine weitere Lagerhalle und ein paar neue Mitarbeiter für die Logistik. Warum nicht gleich ein Onlineshop?

«Kann man die Aktionsartikel, die man im Internet bestellt, auch hier bei Ihnen in der Filiale wieder zurückgeben?»
«Was wollen Sie denn im Internet bestellen?»
«Na, die Schuhe nächste Woche! Dann brauch ich nicht um 8 Uhr hier zu sein.»
«Aber THEO hat keinen Onlineshop.»
«Doch, hab ich schon öfters gemacht.»
???
«Ja, dann – machen Sie!»

Im Zusammenhang mit der Frage nach dem Zurücklegen kommt auch das Thema Schuldzuweisung wieder auf den Tisch: «Ich gehe arbeiten (NEIN, WAHRHAFTIG? DAS GIBT ES DOCH NICHT!) und habe dann natürlich keine Möglichkeit!» (NATÜRLICH NICHT!) Man fühlt sich als hilfloses Opfer und sucht schnellstmöglich einen Verantwortlichen.

> **«Ich brauche ein Paar graue und ein Paar schwarze Socken in Größe 43! Können Sie mir die bitte zurücklegen? Ich bin Lehrer und habe morgen Vormittag selbstverständlich keine Zeit!»**

THEO trägt ohne Frage die Schuld daran, dass dieser wichtige Mensch seine lebensnotwendigen Socken nicht kaufen kann. Er geht ja schließlich einer enorm wichtigen Tätigkeit nach, dafür müssen wir einfach Verständnis haben! (SISCHER DAT!) Und wenn er sich nach seinem langen, anstrengenden Lehrer-Arbeitstag nach Feierabend – also um die Mittagszeit herum – erschöpft in den THEO schleppt, sind bestimmt alle Socken schon ausverkauft! (KLAR DOCH. ALLE SOCKEN FUTSCH!) THEO solle doch dafür Sorge tragen, dass jeder die Möglichkeit habe, die Angebote in Anspruch zu nehmen, nicht nur die Hausfrauen und Rentner und Hartz-IV-Empfänger! Bei dem möchte ich auch nicht Schüler sein! Mich würde mal interessieren: Kennen Sie vielleicht noch ein Geschäft, welches Herrensocken verkauft? Ich denke, THEO ist das einzige auf diesem schönen Planeten!? Sollte ich damit falschliegen, bitte ich um Zusendung der Adressen der Socken-Fachgeschäfte!

Aktionstag bei THEO

«Können Sie mir den Crosstrainer wegtun? Mein Mann hat den Kombi, und in mein Auto kriege ich den nicht rein!» (KLAR! 60 KILO IST JA NIX!)

Auch die kleine, äußerst zerbrechlich wirkende 70-Jährige, die betrübt vor dem riesigen Plasmafernseher steht und nicht weiß, wie sie den in den Einkaufswagen, geschweige denn in ihr Auto kriegen soll, tut mir nicht leid. Schließlich ist alles doch nur eine Frage der Organisation, oder?

Die größte Frechheit ist es, wenn wir Mitarbeiterinnen – oftmals selbst von zierlicher Statur – von männlichen Kunden aufgefordert werden, den Gefrierschrank oder ähnliche gewichtige Teile mit anzupacken, und die holde Gemahlin – Typ Victoria Beckham – steht daneben und schaut zu, weil sie befürchtet, sich einen Fingernagel abzubrechen. Bin ich Arnold? Die ist körperlich nicht viel weniger als ich! Auf meinen dezenten Hinweis hin sagt man mir, sie habe «Rücken». Ach was! Und ich bin mit meinem Chiropraktiker per Du!

Also bitte: Wer auf Service und fachliche Beratung wert legt, sollte auch bereit sein, ein paar Euronen draufzulegen, und im Fachhandel einkaufen. Und nicht arme, schwache, unwissende Lebensmittelverkäuferinnen damit behelligen.

Fragen über Fragen

Wir bekommen zweimal die Woche Pi mal Daumen 20 neue Aktionsartikel, das sind im Monat 160 Produkte aus allen

Bereichen. Wir *können* Ihre Fragen meist nicht beantworten!

«Wie viele Seiten druckt der Drucker pro Minute?»

«Ist die 5. Generation HDTV ... DVB-T ... XYZ baugleich mit dem 0815 ... 007 ... LCD?» Mensch, das weiß ich doch nicht!

«Gibt es nur die lila Kindersandalen in Größe 26 oder auch die blauen mit der Ente drauf?»

«Was ist der Unterschied zwischen den drei Laptops aus den Angeboten der letzten fünf Wochen?» Grrrrr.

«Wie kocht man Mie-Nudeln?»

«Kriege ich von der Tagescreme Pickel?»

Und: «Wie jeht dat eijentlisch mit demm Navi?»

Nach dem zehnten Kunden gefriert unser Lächeln, und die Antwort ist nur noch ein einziges Knurren.

Ich gebe es offen zu: damit sind wir einfach überfordert! Insbesondere mit den HEITÄG-Produkten, die da wären:

Fernseher mit seltsamen Buchstabenkombinationen, die auch gleichzeitig das Frühstücksei braten; Funksteckdosen und Antennen mit oder ohne USB, mit denen man Aliens aus dem Weltall belauschen kann; Navigationssysteme, die den Weg zur Insel vorprogrammiert haben; und die Geräte, bei denen man beim besten Willen nicht begreift, wozu sie eigentlich gut sein sollen. Im technischen Bereich geht die Entwicklung so dermaßen schnell voran, dass ich persönlich schon lange aufgegeben habe, alles verstehen zu wollen.

Aktionstag bei THEO

Ich sitze in der Kasse. Von hinten (sowieso nicht die feine englische Art) tritt ein Kunde an mich heran, unterbricht mich und will wissen, wie viel Strom unsere 60-Watt-Glühbirne verbraucht, wenn sie den ganzen Tag leuchtet. Freundlich und entschuldigend antworte ich ihm, dass ich das leider nicht weiß, und setze den Kassiervorgang fort.

Daraufhin der Kunde: «Ja, aber, wenn ich die kaufe, muss ich das doch wissen!»

Ich drehe mich abermals um und frage, ob es nicht vielleicht auf der Packung steht?

«Nein, das steht da nicht.»

«Dann kann ich Ihnen leider auch nicht weiterhelfen.»

Erneutes Rumdrehen und Weiterkassieren.

«Aber hier muss doch jemand Bescheid wissen!»

«Fragen sie doch mal einen meiner Kollegen im Laden, vielleicht wissen die ja was.»

Zu den wartenden Kunden vor mir: «Das macht 83,20 Euro bitte.»

Von hinten: «Ja, aber, wenn ich nur wüsste …!»

Ich: «Es tut mir wirklich leid, aber da habe ich nicht die geringste Ahnung von.» Nach vorne: «Guten Tag.»

Von hinten: «Aber es kann doch nicht sein, dass Sie Dinge verkaufen, mit denen Sie sich nicht auskennen!» Nu ist es aber gut! Mir platzt der Kragen!

«Wir sind schließlich kein Elektrofachgeschäft!»

Das saß! Der Kunde ist beleidigt, macht sofort auf dem Absatz kehrt und geht geradewegs zu meinem Chef, um sich über mich zu beschweren. Ich dagegen bin der Ansicht, noch recht lange durchgehalten zu haben, oder?

Viele kommen an den Aktionstagen nach vorne an die Kasse gerannt, um uns (natürlich wieder von hinten) zu fragen, ob wir die Schuhe noch in Größe 38 haben, ob noch Sitzpolster in Grün auf Lager sind oder blaue Hortensien. Bin ich Jesus? Oder habe ich den Röntgenblick, der mich durch Wände sehen lässt? Ich kassiere! Und das schon seit 8 Uhr! Es gibt schließlich noch andere Mitarbeiter, die nicht in der Kasse sitzen! Oder erwarten Sie allen Ernstes, dass ich die 15 armen Teufel in meiner Schlange stehen lasse, um im Lager Ihren Kram zu suchen?

Besonders ärgerlich ist es, wenn ich auf eine Kundenfrage bereitwillig und freundlich Auskunft gebe, dann aber bemerke, wie derselbe Kunde im nächsten Gang einem Kollegen genau dieselbe Frage stellt. Die Emanzipation hat im THEO anscheinend noch nicht Einzug gehalten, denn das männliche Geschlecht ist wohl immer noch kompetenter. Dabei sind es die Frauen, die in der Überzahl sind und an der Front kämpfen.

Mein Chef (ein Mann) ist einmal für mich in die Bresche gesprungen. Er hatte gehört, wie ein Kunde mich fragte, ob wir noch Rasenmäher hätten, was ich bedauernd mit «Nein» beantwortet hatte. Kurze Zeit später fragte derselbe Kunde dann meinen Chef, der daraufhin nur antwortete: «War Ihnen meine Kollegin nicht kompetent genug?» Danke, Chef! Das tut gut!

Aktionstag bei THEO

Pflanzzeit – der reine Horror

Wieder mal der beliebte Aktionstag Gartengeräte und Gartenmöbel: Weil das Wetter noch einigermaßen mitspielt, stehen also früh am Morgen circa fünfzig Gartenfreunde vor der Tür und warten auf den Countdown. Die Meute breitet sich aus, und meine Kolleginnen und ich verteilen uns in weiser Voraussicht, und natürlich nicht ohne Höllenangst, vorne sofort in die fünf Kassen. Dort ist man seines Lebens nicht sicher – der Horror schlechthin! Die begehrten, weil spottbilligen Kleingeräte wie Hacken, Schaufeln und Fugenkratzer kommen heillos ineinander verkeilt übers Band gerollt, werden über unseren Köpfen geschwenkt oder uns fast in die Augen gestochen. Ganz zu schweigen von den großen Foltergeräten wie Besen, Spaten und Harken, die uns schon die eine oder andere Beule beschert haben.

> «Entschuldigen Sie bitte! Können Sie mir diese Teile bitte raussuchen?» Die Kundin hält mir einen mit Bleistiftstrichen bekritzelten Zettel vor die Nase.
> Ratlos schaue ich mir die Hieroglyphen an: «Was hat Ihre Tochter denn da Schönes gemalt?» Was soll das sein?
> «Na, das sind doch einige der Gartengeräte, die Sie heute im Angebot haben. Die hat mein Mann vom Prospekt abgemalt!»

Irgendwann kam die Meldung nach vorne, dass es keine Gartentische mehr gebe, für den Fall, dass die Kunden nachfragen sollten. Zwei Stunden (!) später steht eine Kundin mit einem Gartentisch an meiner Kasse. Ich schaue sie ziemlich verwundert an und frage sie, wo sie denn den jetzt noch her hätte? Sie strahlt mich an und erzählt mir ganz stolz, dass sie um halb acht schon vor der Tür gestanden hätte. Als die Pforte sich öffnete, hätte sie sich den Tisch geschnappt und sich damit in eine ruhige Ecke verzogen. Dort hat sie dann auf ihre Tochter gewartet, die sie abholen wollte. Stolze Leistung! Währenddessen hätte sie locker und ganz gemütlich in der Bäckerei nebenan ein großes Frühstück genießen können.

Die Fachfragen, mit denen wir an unseren «grünen» Tagen zugeschüttet werden, lassen unsere Phantasie zur Höchstform auflaufen. Da hat man das Gefühl, Fachverkäuferin für Grünzeug zu sein.

«Wie hoch wird der Gummibaum?»

«Wie viele Zitronen, Orangen oder Bananen wird die Pflanze wohl tragen?»

«Welche Farbe werden die Blüten haben?»

«Ist die Blume für draußen oder drinnen?»

«Braucht der Bodendecker viel Sonne?»

«Wie viel Flüssigkeit benötigt so eine Konifere?»

Ich habe absolut keinen grünen Daumen, und so erzähle ich ab und an Dinge, die nicht wirklich zum Wohle der Pflanzen beitragen. Aber wenn die Fachfrau für Grünes das sagt, kann man sich drauf verlassen!

Heute im Angebot: der neue THEO-PC

An PC-Tagen ist die Schlange draußen immer am längsten. An der Einkaufswagenbox vorbei zieht sie sich über die gesamte Ladenlänge. Manches Mal geht dann einer von uns hinaus, zählt die Leute und bleibt nach dreiviertel der Schlange mit einem Lächeln stehen und sagt: «Bis hierhin wird wohl jeder einen bekommen.» Gemein, ja? Aber was meinen Sie, was dann los ist? Die hinteren werden nervös und versuchen, sich – möglichst unauffällig – vorzudrängen. Bevor Panik ausbricht und wir wütend mit Einkaufswagenchips bombardiert werden, lenken wir ein: «War ja nur Spaß!»

3-2-1-meins, und der heiß ersehnte PC wird von der Palette gezerrt. Man setzt sich drauf und wartet auf den Kumpel mit dem Einkaufswagen.

Die Kassenplätze werden an Tagen mit hohem Verkehrsaufkommen unter den Verkäuferinnen hoch gehandelt. Sie sind heilfroh, wenn sie sich dort verkrümeln dürfen. Auch wenn sie da mit der gleichen schier endlosen Warteschlange und den darin nörgelnden Kunden zu kämpfen haben. Typisch sind auch die «Schlangenhüpfer», die hektisch wieder und wieder von einer Wartereihe in die andere wechseln und dabei abzuschätzen versuchen, an welcher Kasse die schnellere Kassiererin sitzt, wo die leersten Einkaufswagen und die wenigsten Rentner sind. Als könnten sie vorhersehen, ob die EC-Karte defekt ist, die Bonrolle gewechselt werden muss oder einer zu wenig Geld dabei hat! Aber das kennen wir ja alle! *Jeder* steht *immer* an der langsamsten Kasse! Sie sicherlich auch! Genauso wie ich!

Es lebe der kleine Unterschied

Es ist höchst interessant, den Kunden individuell zu studieren. Beim Einkaufen zeigen sich die unterschiedlichsten Charaktere. Vor allen Dingen fällt wieder einmal auf, dass sich Männer und Frauen in ihrem Einkaufsverhalten erheblich voneinander unterscheiden. Man könnte glauben, es handle sich um zwei grundverschiedene Rassen. Ich spreche jetzt nicht von den bekannten Klischees, Frauen würden mehr quatschen, mehr einkaufen und länger dafür brauchen als Männer. Denn das kann ich eindeutig widerlegen!

Männer

Während sie die gescannten Waren in ihre Einkaufswagen packen, kann man die Herren der Schöpfung oft vor sich hinsummen hören. Jedoch nicht, wie die Männer jetzt mit stolzgeschwellter Brust denken werden, weil sie immer so cool und besonders gut drauf sind. Falsch gedacht! Nein! Sie summen oder pfeifen vor lauter Nervosität. Die Charts rauf und runter. Damit niemand bemerkt, wie verunsichert und kribbelig sie innerlich werden, sobald das ganze Spielchen zu hektisch wird.

So manch einer steht dann auch noch mit offener Hose da. Die Kassiererin blickt zu ihm auf, versucht ihn einzuschätzen. Handelt es sich um ein weiteres eingeschüchtertes Kerlchen, oder kann er die Wahrheit vertragen? Mit psychologischem Einfühlungsvermögen weiß man nach den Jahren, was man wem zumuten kann oder wer eher mit hochrotem Kopf und stotternd das Weite sucht und sich nie wieder zu uns wagt.

So manch einer der Schüchternen schafft es jedoch, über seinen eigenen Schatten zu springen. Wie der Kunde, der tatsächlich in die Höhle des Löwen zurückgekehrt ist, um einen Herren-Stringtanga mit Leopardenmuster zurückzubringen. Das muss man sich mal vorstellen: Da muss er sich erst vor seiner vor Liebe schmachtenden Jane rechtfertigen und ihr erklären, dass er wohl eher nicht gewillt ist, ihr den Tarzan zu machen, und sich dann noch todesmutig dem Hohn der Dame an der Kasse und dem restlichen grinsenden Publikum ausliefern. Hut ab, Tiger!

Ein junger Mann war schier verzweifelt, weil er das Gesuchte einfach nicht finden konnte, war wohl auch in dem Augenblick, da er mich fragen wollte, ein wenig verwirrt und nicht in der Lage, das Kind beim Namen zu nennen. Also probierte er es mit Zeichensprache, indem er mit der Hand Schüttelbewegungen vollzog – ungeschickterweise genau vor seiner Körpermitte, was einerseits auf mich sehr erheiternd, andererseits auf die umstehenden Zeugen ziemlich anzüglich wirken musste. So auf die Art: «Mama, was will der Mann?» – «Das erzähle ich dir, wenn du groß bist.» Aber dieses Rätsel war nicht schwer zu lösen. Ich reichte ihm eine Flasche Sprühsahne und erlöste ihn so von seinen Qualen.

Die vielen guten Ehemänner, die zum Großeinkauf bei THEO verdonnert werden, stehen oftmals ratlos und verloren im Gang herum. Sie starren auf den Einkaufszettel, den ihre Frauen geschrieben haben, und haben null Schimmer, wo was steht. Damit sie von ihren sich sorgenden Ehefrauen nicht als vermisst gemeldet werden, weil sie vom Einkaufen nicht wiederkehren, nehmen wir sie schnell helfend an der Hand und erforschen mit ihnen zusammen die hintersten Ecken des THEO.

Dann gibt es natürlich auch die gegenteilige Sorte Mann: die Coolen. Die Draufgänger, die nichts unversucht lassen, uns zu zeigen, wie unwiderstehlich und scharf sie sind. Im Grunde könnten wir THEO auch in *Flirt-Café* oder *Club der einsamen Herzen* umbenennen. Über der Tür ein Schild: «Kommen Sie ruhig rein – wir kriegen auch Sie unter die Haube!» Nur den Elite-Partner wird man hier nur schwerlich finden.

Wenn ein unzufriedener Kunde seine Ware zurückbringt, muss er seine Adresse auf dem Rückgabe-Bon eintragen. Ein Mann überreicht diesen der Kassiererin mit den Worten: «Ich hab Ihnen meine Telefonnummer mit draufgeschrieben. Ich würde mich freuen, wenn Sie mich anrufen.» Manche sind da auch weniger umständlich, brauchen nicht so viele Worte. Die geben dann vorbereitete Notizzettel ab: «RUF MICH AN! – Telefonnummer: … » Ob der mich mit Schantall verwechselt hat?

Es lebe der kleine Unterschied

Es kam sogar vor, dass um 3 Uhr in der Nacht mein Telefon klingelte. Schlaftrunken nahm ich ab. Der junge Mann am anderen Ende der Leitung erkundigte sich, ob ich die Frau Diestel sei, die im THEO an der Kasse sitzt, und ob ich eventuell noch zu haben wäre. Ein Ehemann wäre selbstverständlich auch kein Hindernis.

Kunde: «Letzte Woche haben Sie mir aber sehr viel besser gefallen.»
Meine Kollegin (erstaunt): «Ich wüsste nicht, wo wir uns gesehen hätten.»
Kunde (lechzend): «Ei, in der Sauna.»

Wenn man Kassiererin bei THEO ist, spürt man auch ein klein wenig, wie es sein muss, berühmt zu sein. Gerade, wenn man schon lange dabei ist. Man ist bekannt wie ein bunter Hund. Klar hat das auch schon mal Vorteile. Das können meine prominenten Kollegen – die Filmstars, Politiker und Topmodels – bestätigen. Wenn man ein halbwegs umgänglicher Vertreter ist, hat man bei Behörden, Ärzten und verschiedenen Lokalitäten schon mal Vorrang.

Die Leute kennen einen einfach, egal wo man auftritt. Immer wieder kommt der Spruch: «Irgendwoher kenne ich Sie aber.» Oder: «Haben Sie eine Schwester, die bei THEO arbeitet?»

Neulich half ich mal wieder meiner Freundin in der Bäckerei aus. Dort sah mich jemand an, redete erst leise vor sich hin, verfiel dann abrupt in grüblerisches Schweigen, schüttelte

schließlich ein paarmal den Kopf und sagte dann endlich: «Ich dachte gerade … aber nein, das kann ja nicht sein … obwohl … nee … Wissen Sie, Sie haben einen verdammt guten Doppelgänger!»

Oft wird man auch an der Kasse angesprochen, ob es denn am Tag zuvor lecker war bei McDonald's. Oder wenn man auf einer öffentlichen, feuchtfröhlichen Veranstaltung mal einen über den Durst getrunken hat, bekommt man das am folgenden Tag bei THEO garantiert aufs Brot geschmiert: «Da waren Sie aber gut dabei. Ich hab Sie gesehen!» Und mitfühlend wird hinzugefügt: «Geht's denn wieder?»

Es gibt keine Fluchtmöglichkeit! Ob beim Spaziergang in einem abgelegenen Wäldchen, in einem Restaurant, das nur Insider kennen, am Flughafen oder gar – was das Allerschlimmste ist – am Urlaubsort schleichen unsere Kunden umher und enttarnen uns.

Ich bin mit einer Freundin unterwegs, wir wollen in Ruhe etwas essen gehen. Aber keine Chance. Am Nachbartisch nervt uns jemand. Er will unbedingt wissen, woher er mich nur kennen würde. Er kommt einfach nicht drauf, und ich denke im Traum nicht daran, ihm auf die Sprünge zu helfen. Bis meiner Bekannten endlich der Kragen platzt: «Sie können sie gar nicht kennen! Das ist meine Cousine, die kommt nicht hier aus der Gegend und ist nur zu Besuch.» Dann ist Ruhe, und wir können den Abend genießen. Und amüsieren uns köstlich bei dem Gedanken an sein Gesicht, wenn er mir nächste Woche wieder an der Kasse gegenüberstehen wird.

Es lebe der kleine Unterschied

Aber ich schweife ab, zurück zu den Unwiderstehlichen. Die Möchtegern-Topmodels unter den Herren begeistern uns immer wieder aufs Neue. Im Sommer stolzieren sie wie die Pfauen mit nacktem, mehr oder weniger muskulösem Oberkörper über den THEO-Catwalk. Vorbei an einem traurigen und undankbaren Publikum. Der Applaus bleibt aus. Die Pfirsichkonserven lässt das kalt, die Tomaten glotzen stumm vor sich hin, und auch die Tampons drängen sich nur resignierend in ihren Packungen. Nicht einmal die Mitarbeiterinnen sind zum Sabbern zu bringen, die zucken nicht einmal mit der Wimper. Im Gegenteil! Der Astralkörper-Besitzer wird zudem noch aufgefordert, den perfekten, sonnengebräunten Body unter einem Shirt zu verstecken, weil es gegen Hygienevorschriften verstoße und andere Kunden Anstoß nehmen könnten. Wir sind hier schließlich nicht auf Malle!

> **Vor mir steht der alte Herr Weiler. – Mit nacktem Oberkörper!**
> **«Herr Weiler, so aber nicht!»**
> **«Was ist denn?»**
> **«Sie können doch nicht ‹oben ohne› hier durchlaufen!»**
> **Er fällt aus allen Wolken, ist total überrascht: «Aber wieso das denn nicht? Ich sehe doch noch ganz gut aus! Kein Gramm zu viel, oder? Ich kann mich doch sehen lassen.»**

Es gibt da einen großen, schlaksigen Adonis. Grundsätzlich läuft er barfuß durch den Laden – die nächste Scherbe kommt bestimmt! Er trägt ein weites, offenes weißes Hemd, das so lang ist, dass jeder erst einmal starrt, weil man denkt, er habe keine Hose an. Aber wenn man genauer hinschaut – und das tun wir ja schließlich –, sieht man den Knaller: ein knappes, superenges Höschen aus Leder, dass sich wie eine zweite Haut um seine Hüften schmiegt. Er findet sich super-geil und so führt er sich auch auf.

Sehr gern habe ich die Kunden, egal ob Männlein oder Weiblein, die mich fragen, wo der Bauchspeck ist. Mir zur gleichen Zeit in die verschwitzten Flanken fassen und ihre Finger nicht von meinen Pölsterchen nehmen. Überhaupt sind die Grapscher eine ganz beliebte Spezies bei uns Ver-käuferinnen. Wir lieben sie alle. Immer wieder kommt: «Frollein, hüren Se ens», und mit Nachdruck wirst du an Arm, Schulter oder sonst wo gezerrt.

Da ich obenherum sehr gut bestückt bin, saugen sich manche Kundenaugen förmlich in dem Ausschnitt meiner Bluse fest.

Ich habe mal wieder Kassendienst. Ein Kunde bringt mir einen Artikel zurück. Er bekommt sein Geld, füllt den Bon aus, und ich deponiere das defekte Teil bei mir in der Kasse. Dazu muss ich mich hinunterbeugen. Der nächste Kunde, ein Mann mittleren Alters, schaut mich an und sabbert: «Mach das nicht noch einmal! Wenn du dich noch mal so runterbeugst und den Ansatz deiner Brüste zeigst, dann werde ich so spitz, dass ich dich sofort hier an der Kasse vernasche!»
Meine Farbe wechselt von blass zu Rosa und schließlich Rot.
Aber als er Tage später mit seiner Frau einkaufen kommt,

Es lebe der kleine Unterschied

macht er um mich einen großen Bogen. Jaja, das schlechte Gewissen.

Nach diesen Enthüllungen werden wohl einige Frauen wieder selber den Einkauf übernehmen und ihre Männer nicht mehr frei herumlaufen lassen. Das wäre bei einigen Spezialisten ganz in unserem Sinne, das können Sie mir glauben.

Es war in meinen Anfängen als Kassiererin. Ich war 21 Jahre alt und schüchtern, brav und streng katholisch erzogen worden. Ich sitze also an der Kasse, glücklich, preissicher zu sein. Die Finger fliegen nur so über die Tastatur, es macht richtig Spaß. Da steht ein Typ so Anfang 30 neben mir und raunt mir zu: «Na, sind Sie zu Hause bei Ihrem Mann auch so flink wie hier an der Kasse?»
Ping! Mein Kopf gleicht einer überreifen Tomate, und ich kann nichts mehr antworten.

Einige, oft handelt es sich um den Anzugträger-Typ («Ich bin wer»), haben auch die Angewohnheit, uns mit unserem Nachnamen anzureden. Der steht ja schließlich gut leserlich auf die Brust gepinnt. Die dröhnen uns dann lautstark und souverän, sodass es auch jeder mitbekommt, entgegen: «Guten Tag, Frau Diestel!» – «Danke, Frau Diestel!»

Ich persönlich mag das gar nicht von Leuten, die ich nicht kenne. Ich fühle mich in dem Moment degradiert zu einem Würstchen, das sich krampfhaft überlegt, mit «Guten Tag, Herr Hinz oder Kunz!» zu antworten, aber dann doch nicht den Mut dazu aufbringt. Würde es Ihnen gefallen, wenn wir den Namen auf Ihrer EC-Karte lesen und Ihnen diese dann mit den Worten «Danke, Frau Schulz! Einen schönen Tag noch, Frau Schulz!» wieder aushändigen würden? Einige Geschäfte handhaben das zwar auf diese Weise, aber mal ehrlich – da fühlt man sich doch in seiner Privatsphäre verletzt. Aber wir sollen das gut finden?

Viele männliche Spezialisten duzen uns auch einfach ganz frech. Manches Mal rutscht uns dann etwas heraus wie: «Sind wir verwandt? Bist du mein Onkel, oder was?»

Die heiratswilligen oder teils auch notgeilen Werber übertreffen sich gegenseitig in ihrem Einfallsreichtum. Wir werden eingeladen zum Paragliding oder zum Kaffee, zum Candlelight-Dinner oder zum Urlaub am Baikalsee. Zu einem Liebesfilm oder zur Rennrad-Tour mit einem rüstigen Rentner. Nach Feierabend erwarten besonders hartnäckige Gesellen uns vor der Tür, in der Hoffnung, dass die überreichte Schallplatte «Dein ist mein ganzes Herz» dieses versteinerte Kassiererinnenherz doch nur erweichen möge.

Mir wurde mal ein Ständchen an der Kasse gesungen. Wie romantisch! Und wie furchtbar peinlich! Ich saß da. Alle Kunden in der Schlange warteten, weil es ja nicht weiterging, und schauten mich erwartungsvoll an, während ich mit hochroter Birne dem lieblichen Gesang lauschte und ein schnelles Ende herbeisehnte. Ein besonders hartnäckiger junger Mann war sogar erfolgreich. Er ließ seiner angebeteten Kassiererin immer wieder Blumensträuße in den Laden

Es lebe der kleine Unterschied

zustellen und eroberte sie so im Fluge. Und schon läuteten die Hochzeitsglocken.

Seien wir mal ehrlich, liebe Kolleginnen: Wenn wir wieder mal so richtig gestresst sind oder klebrig und verschwitzt in den Regalen herumkriechen, träumen wir nicht alle mal von dem Prinzen, der auf einem weißen Gaul dahergeritten kommt, uns auf den Armen aus dem THEO trägt – schmalzige Musik im Hintergrund –, uns auf sein Pferd hievt, von dannen trägt und errettet? Und – ganz wichtig – uns nicht nach einem Ritt um den Block wieder dort absetzt.

Haaallooo, Kasse 3! Mädchen, träumst du?

Frauen

Kommen wir zum anderen Geschlecht. Da hätten wir zum Beispiel den Typ Blaublüter. Die Hochwohlgeborene, die sich wohl verlaufen hat, weil THEO doch eigentlich weit unter ihrem Niveau liegt. Sie würde in ihrem Bekanntenkreis niemals zugeben, bei uns einkaufen zu gehen. Es sei denn, in ihren Kreisen ist es schon wieder *absolut angesagt*, *hip* oder *einfach Kult*. Dann werden aber natürlich nur die hochpreisigen Produkte gekauft, die es in unserem Gourmettempel natürlich auch gibt. Oder die internationalen Spezialitäten, die regelmäßig bei uns angeboten werden. Die Nase in die Höhe gereckt, stolziert sie durch den Laden. Die Designer-Sonnenbrille nimmt sie selbst an dunklen Wintertagen nicht ab. Arrogant schaut sie herab auf das niedere Volk – und die primitive THEO-Tippse, die ihr

noch dazu jeden Wunsch von den verdunkelten Augen ab-
lesen soll.

> **«Ich komme gerade aus Amerika. Dort ist man ja VIEL
> freundlicher. Man bekommt die Waren eingepackt und auf
> Wunsch auch noch zum Auto getragen. Und überhaupt, da
> kann man kaufen, wann man möchte, die haben ja 24 Stun-
> den geöffnet.»**
> **Sofort schießt es mir durch den Kopf: Warum sind Sie denn
> bloß nicht da geblieben?**

Die große Mehrheit bilden aber natürlich die Frauen,
die – mehr oder weniger erfolgreich – «ein kleines Familien-
unternehmen» leiten. Die rackern sich bis zum Umfallen
mit Riesen-Einkäufen ab. Das Band quietscht unter der Last
ihrer Waren, und manchmal ist es einfach zu kurz. Es wird
gestapelt und gestapelt. Gestresst schieben sie Großfami-
lien-Portionen an Getränkepacks und Lebensmittel für die
gesamte Woche durch die Gänge, oft verteilt auf zwei Einkaufswagen. Das sind die wahren Heldinnen des Alltags!
Nicht die Tussis, die bei THEO shoppen kommen und dabei
ihr Handtäschchen schwingen. Im ersten Gang am Spüli
verharren, die Flasche aufdrehen, daran riechen und sich
ein Tröpfchen hinters Ohr tupfen. Auch nicht die Vamps
mit ihren Klauen, die eine gefühlte Ewigkeit lang vergeblich versuchen, mit ihren langen, künstlichen Fingernägeln
einen Euro vom Boden aufzuheben. Nur peinlich für alle, die
ebenfalls der Gattung Frau angehören!
So manche Kundin verwechselt THEO auch mit Gucci

oder Louis Vuitton. Sie wollen sich neu einkleiden mit den topaktuellen, heißen THEO-Fummeln, aber können sich einfach nicht entscheiden. Soll ich das kleine Schwarze nehmen – mein Erich würde sich freuen –, oder steht mir das Gestreifte besser? Das macht so schön schlank. Sie laufen dann an den Lebensmittelregalen vorbei auf der vergeblichen Suche nach einem Spiegel oder verkriechen sich sogar im Lager, gekennzeichnet mit dem Schild «Zutritt nur für Mitarbeiter», um sich dort in aller Heimlichkeit umzuziehen. Unsere männlichen Kollegen staunen nicht schlecht, wenn sie zwischen den Paletten eine halbnackte Kundin antreffen!

Einige Kundinnen kippen sich ganz offensichtlich schon mal gerne einen hinter die Binde. Eine ältere Lady, mit rot leuchtender Schnapsnase, aber sehr fein zurechtgemacht, erklärt uns immer wieder entschuldigend, dass sie den Sprit in ihrem Einkaufswagen in Wirklichkeit für die Nachbarin kaufe. Das interessiert uns wahrlich nicht die Bohne! Eine andere bezahlte bei mir eine Flasche Sekt. Man sah ihr nicht an, dass sie einen über den Durst getrunken hatte. Als sie mir das Geld hinlegte, wankte sie dann ein wenig. Ich wollte ihr das Wechselgeld in die Hand drücken, da war sie verschwunden. Seltsam! Ich beugte mich über die Kassenablage, und – da lag sie! Meine Kollegin aus der Nachbarkasse half mir, sie wieder auf die Füße zu stellen.

19:30 Uhr. Eine Kundin: «Hallo, ich habe Fisch gekauft, was könnte ich für eine Soße dazu machen? Möchte den Fisch gerne mit Salzkartoffeln essen!»

Hallo! Geht's denn noch? Sind wir jetzt bei «Lafer! Lichter! Lecker!»?

Alle Klischees werden bestätigt, wenn man den Frauen-Gesprächen an der Kasse lauscht. Je nachdem, welche Leckereien auf dem Band so an einem vorbeiziehen, läuft es nicht selten darauf hinaus, dass eifrig Geheimrezepte verraten oder ausgetauscht werden. Tipps für den Haushalt gibt es massenhaft da vorne, ebenso wie Strickanleitungen und erfolgversprechende Diäten. Typisch Weiber halt! An den Kassen meiner männlichen Kollegen geht es dann eher um Autoreparaturen, diverse Heimwerker-Tipps, radikale Schädlingsbekämpfung und natürlich Rasenmäher. Also ganz die Jäger und Sammler!

Paare

«Elfriede! Elfriiiiieeede!!!»
Dieser Schrei zerreißt mir fast das Trommelfell! Der extrem genervte Ehemann der armen Elfriede steht bei mir vorne an der Kasse und würde gerne zahlen, wenn nicht seine Holde noch mit der Geldbörse durch den Laden bummeln würde. Er brüllt so laut, dass die Klorollen in der hintersten Ecke des Ladens erzittern: «Dat jibbet doch janit! Maach, dat du he hin küss, äwer zackisch! Mann, Mann, Mann! Fröher hatt ich su ne Driss op de Arbeit. Jetz bin ich Rentner, jetz han ich dä Driss met dir! Ich frach misch, wat ich verkehrt jemach han, dat dä leeve Jott mich su bestraft! Elfriiieeede!!!»

Es lebe der kleine Unterschied

Eine rotere Birne als die von Elfriede habe ich noch nie gesehen. Und ich bin sicher, Elfriede wird nie wieder von der
Seite ihres Mannes weichen!

Kommen wir zu den Paaren und damit zu den kleineren und
größeren Ehekrisen, die sich bei uns in aller Öffentlichkeit
abspielen. Selbstverständlich gibt es da die Frischverlieb-
ten, die sich kaum auf das konzentrieren können, weswegen
sie hergekommen sind – ihren Einkauf. Ständig werden ver-
liebte Blicke getauscht oder innige Küsse gewechselt. Letz-
teres geschieht auch oft an der Kasse. Während sie am Band
stehen und warten, werden noch einmal rasch die Zungen-
piercings ineinander verkeilt, und auch die Finger können
nicht voneinander lassen. Darüber wird glatt die Zeit vergessen. Als Kassiererin, die diese Phase leider schon lange
hinter sich hat, schaue ich mir das eine Weile an. Aber zum
einen hab ich ja nicht ewig Zeit, so schön die Erinnerung an
die eigene Jugend auch sein mag. Zum anderen befürchte
ich bei fortschreitender Fingerfertigkeit des Liebespaares,
dass die Erregung überhandnehmen könnte – und das an
meiner Kasse? Nö, besser nicht!

Ich (räuspernd): «Äh, wenn Sie dann die Hände wieder
frei hätten, könnten Sie mal hier vorne mit anpacken?»

Das sind ja noch die Begebenheiten der angenehmeren
Art. Aber wirklich peinlich wird es, wenn Ehestreitigkeiten
an der Kasse ausgetragen werden. Meist geht es nur darum,
wer vom Band in den Einkaufswagen räumen «darf». Dies
ist schon ein Grund bei lang vereinten Paaren, die Giftsprit-
zen auszupacken und aufeinander loszugehen.

«Leg das nicht dahin, sondern dorthin!»

«Nimm zuerst dieses oder jenes!»

«Wer hat das denn gekauft! *Du?*»

«Geh doch mal weg! Lass mich das machen, ich bin schneller!»

«Du hast ja keine Ahnung!»

«Wieso soll ich nun wieder bezahlen?»

Zugegeben, es ist nicht gerade eine entspannte Atmosphäre da vorne bei uns. Diese Hektik trägt oft zu kleinen Reibereien bei, was uns leidtut. Aber andere Paare zerfleischen sich doch auch nicht gleich, wenn es ein bisschen schwierig wird. Was ist mit «In guten wie in schlechten Zeiten»? – Wir scheinen eindeutig zu den Schlechten zu gehören.

Beim flotten Einpacken der eingescannten Waren hält der Mann plötzlich inne, nimmt die zwei Salatgurken, das Stück zu 29 Cent, und hält sie seiner Partnerin vorwurfsvoll vor die Nase: «Wo kommen denn die Gurken her?» Stille. Sie haucht schließlich kleinlaut: «Ich …»

Knisternde Spannung! Mit den hochgehaltenen Gurken starrt der Hausherr seine verschwendungssüchtige Frau sekundenlang bitterböse an, ohne sich im Geringsten zu regen. Sie wird zusehends kleiner und kleiner unter seinem strengen Blick.

Endlich löst er sich aus seiner hypnotischen Spannung, legt die Gurken in den Wagen, und ich kann endlich ausatmen und weiter kassieren – mit Gänsehautfeeling wegen des nervenzerreißenden Live-Thrillers. Ich möchte nicht wissen, was bei denen zu Hause abgeht …

Es lebe der kleine Unterschied

Oft sind es die Männer, besser gesagt die kleinen unterge-
butterten Männlein, die einem nur leidtun können.

«Kann ich Ihnen helfen? Suchen Sie etwas Bestimmtes?»
«Ja. Es ist klein und dick und hört auf den Namen Heinz!»

Im Schlepptau ihrer Hausdrachen, nicht selten einen Kopf
größer als sie, werden sie durch den Laden gescheucht. Die
dominanten Ehe-Besen bellen dem immer kleiner werden-
den, oft gebeugten Pantoffelhelden ihre Befehle zu. Oder sie
pfeifen sogar nach ihnen quer durch den Laden, wie nach
ihrem Hund. Aber das Belohnungsleckerchen kriegen die
nie!

**Die Kundin, groß gewachsen und stämmig, hat sich schon
einen guten Platz vorne in der Kassenschlange gesichert.
Ihr Ehemann – die Flasche – steht mit dem vollen Einkaufswagen orientierungs- und hilflos irgendwo am Ende der
Schlange. Ein kurzer, markanter Pfiff. Ein barsches «Hermann! Hier!» Und schon gibt Hermann Gas. Gibt alles, um
sich umständlich und mühevoll durch die empörten Kunden
zu wurschteln, um schnell zu Frauchen zu kommen.**

Taktische Spielchen erfahrener Eheleute

Die Männer können das aber auch! Manche haben dermaßen die Nase voll vom Shoppen, dass sie ihre Ehefrau einfach bis zum Hals im Angebotscontainer hängen lassen und

sich an der Kasse anstellen. Und schon sind sie an der Reihe, der Einkauf ist durchgescannt, doch das Herzblatt hat natürlich die Knete in der Tasche, wie so oft. Aber bei den Herren kommen die Kommandos irgendwie netter rüber. Verzweifelter, könnte man es auch nennen: Sie pfeifen, breiten dann aber in einer hilflosen Geste die Arme über dem Kopf aus und gestikulieren hektisch herum. Darum kriegen sie dann auch prompt wieder einen drauf, wenn die Gattin völlig außer Atem vorne ankommt: «Kannst du denn nicht warten, Mensch?» Was die Herren aber gerne in Kauf nehmen, haben sie doch ihr Ziel erreicht, der Shopping-Tour ein schnelles Ende zu setzen.

Eine Kundin kauft immer die gleiche Sorte Brot. Das große Mühlenbrot. Am Stück und verpackt in einer Papiertüte. Sofort nachdem sie es bezahlt hat, nimmt sie das Brot aus der Tüte, wirft die Verpackung in den Mülleimer und steckt das nackige Brot in ihre Tasche. Irgendwann siegt meine Neugier. Ich frage sie, warum sie das Brot immer ohne Verpackung mitnimmt. Sie grinst und antwortet augenzwinkernd:
«Mein Mann schwört auf dieses Brot. Der isst nur dieses Mühlenbrot von THEO, ein anderes kommt ihm nicht ins Haus! Aber wenn er wüsste, dass das von THEO ist, würde er es nicht essen. Brot von THEO lehnt er rigoros ab! Nur vom Bäcker!»
Grinsend fügt sie hinzu: «Tja, Männer WOLLEN belogen werden!»

Es lebe der kleine Unterschied

Eine jüngere Frau kam mit ihrer Freundin ganz aufgelöst zu mir. Sie hätte vor zwei Tagen unter anderem einen Strauß Blumen gekauft. Nun bräuchte sie ganz dringend genau diesen Bon, auf dem auch genau alle anderen Artikel aufgelistet seien, die sie gekauft hätte. Leider konnten wir ihr da nicht helfen, und einen anderen Bon mit Schnittblumen drauf wollte sie nicht. Sie war ganz verzweifelt und brach in Tränen aus. Schließlich rückte sie mit der Sprache heraus: Ihr Mann hatte ihr eine Szene gemacht. Er kam von der Arbeit nach Hause und sah den Blumenstrauß auf dem Tisch. Er glaubte ihr einfach nicht, dass sie ihn für sich selbst gekauft hatte. Er beschuldigte seine Frau, eine Affäre zu haben, und drohte damit, sie zu verlassen, wenn sie den Beweis in Form eines Kassenbons mit dem gesamten Einkauf nicht vorweisen könnte. Sachen gibt's! Gerne hätten wir ihr den Tipp gegeben, sie sollte den Trottel doch bloß ziehen lassen.

Es gibt aber auch kleine nette Begebenheiten, die einem irgendwie das Herz erweichen und Hoffnung darauf machen, dass man auch nach vielen Ehejahren noch das Zusammenleben mit Humor meistern kann:

Ein schon in die Jahre gekommenes Ehepaar. Beide packen flott ihren Einkauf in den Wagen. Dabei frotzelt er erst mit seiner Frau herum und brummelt dann unverständliche Worte vor sich hin, worauf sie mir zuzwinkert und meint: «Wenn der anfängt, mich zu siezen – oje, dann muss ich aufpassen! Dann wird's gefährlich!»

Ein älteres Paar, schätzungsweise beide um die 75 Jahre alt.
Die Waren sind gescannt, ich nenne dem Herrn den Betrag,
den er zu zahlen hat: «41 Euro und 6 Cent, bitte!»
Er meint: «Sechs hab ich!»
Woraufhin sie staubtrocken erwidert:
«Dat müsst isch äwer wisse!»
Beide brechen in Lachen aus und stecken alle in Hörweite
damit an.

Plaque-Alarm

Schantall hat's gut! Sie hat keine Nase! Null Geruchssinn! Sie muss all das nicht ertragen, was uns so unter die Nase kommt. Die unterschiedlichsten Gerüche, die der Kunde so mitbringt, sind oft mehr als gewöhnungsbedürftig. Unzählige Knoblauch-, Alkohol- und Nikotinfahnen dringen in unsere feinen Riechorgane. Auch was die übrigen Körperöffnungen so zutage bringen, ist schon ein Kapitel wert.

Ein männliches Exemplar, zur Sommerzeit gerne im grauen Schiesser-Feinripp-Trägerunterhemd. Äußerst figurbetont! Besonders am Bauch! Er roch so stark nach Knoblauch, dass man ihn von Gang zu Gang verfolgen konnte, ohne ihn sehen zu müssen. Aus jeder Pore quoll der Duft. An der Kasse wusste die Kollegin sich nicht anders zu helfen, als sich schnell eine Wäscheklammer an die Nase zu stecken. Das war damals! Heutzutage laufen wir nur blau an und stehen kurz vor der Ohnmacht, denn das mit der Wäscheklammer dürfen wir uns natürlich nicht mehr erlauben!

Zu den absoluten Härtefällen zählen zwei unserer Stammkunden: Den einen nennen wir den «Mann aus den Bergen». Seine Gesichtszüge unter dem wilden Gestrüpp aus Kopf- und Bartbehaarung sind kaum zu erkennen. Im Grunde ein armer Kerl! Er ist obdachlos, verbringt die Nacht meist auf der Parkbank gegenüber und besitzt offensichtlich nur das, was er am Körper trägt. Und das stinkt erbärmlich! Besonders die Hose, die er wohl nie auszieht, selbst zum Urinieren nicht. Diesen penetranten Gestank kann man nicht beschreiben. Nur so viel: Er gehört zu der seltenen Sorte, die sich – nachdem der Stinker wieder raus ist – eine geschlagene Stunde im Laden festbeißen können und die man abends noch glaubt in der Nase zu haben.

Der andere ist der ungepflegte Typ, dessen Statur extrem breit ausfällt. Sagen wir mal vorsichtig – was er oben reinschaufelt, muss ja nun auch wieder raus. Das geht bei ihm problemlos und immer! Zumindest immer, wenn er bei uns ist.

Die beiden haben jedenfalls, wie bereits erwähnt, schon lange den Laden verlassen, man denkt gar nicht mehr an sie, wäre da nicht dieser beißende Gestank. Und der lässt nicht nur uns, sondern auch unsere Kundschaft würgen. Dagegen haben wir einfach keine Handhabe mehr – wir sind machtlos.

Einmal sitze ich an der Kasse, habe noch nicht aufgeschaut, aber nehme diesen Mief wahr! Mir wird speiübel. Das riecht ganz nach Frau Sommer. Doch drei Kandidatinnen haben das gleiche Aroma, erzeugt von ihren nässenden Achseln. Ich habe einmal gelesen, Männerschweiß riecht nach altem Käse! Hmmh, lecker! Frauenschweiß dagegen – nein, leider nicht nach Lavendel, liebe Damen – nach Zwiebeln! Äääh! Jetzt muss ich nur noch meine Nase so weit trainieren, dass sie zwischen gedünsteten, gekochten, gebratenen, verbrannten oder vergessenen Zwiebeln differenzieren kann. Ich arbeite dran! Wenn ich die auseinanderhalten kann, bewerbe ich mich bei «Wetten, dass..?» mit «Ich erkenne meine Kunden am Geruch!».

Kundin: «Hier riecht es aber fies nach faulen Kartoffeln!»
Ich: «Das ist mein neues Parfüm!»
Die Kundin ist sichtlich schockiert.
Ich: «Das war ein Scherz!»

Zugegeben, auch wir Verkäuferinnen duften nach zehn Stunden Arbeit an den Regalen nicht mehr wie der frische Frühling. Der Schweiß rinnt uns vom Nacken das Rückgrat hinunter und verliert sich dann irgendwo in der Versenkung. Die Haare klatschen am Kopf, und die Füße – na, die sind Gott sei Dank bis zum Abend sicher und geruchsundurchlässig eingepackt. Das teure Marken-Deo verweigert an harten Tagen sogar schon mal nach zwei Stunden seinen Dienst, obwohl es klar und deutlich verspricht, ganze 24 Stunden durchzuhalten. «Darf ich das zurückbringen? Das ist kaputt!»

Selbst die verschärfte Deo-Variante, für 48 Stunden Frischeduft ausgelegt, hält den harten THEO-Ansprüchen nicht stand! Vielleicht werde ich mal einen neuen Duft kreieren: Das THEO-DEO! Zielgruppe Bauarbeiter! Doppelschicht? Kein Problem!

Zurück zu unseren Kunden. Manche müffeln schon morgens um 8 Uhr, als hätten sie die Doppelschicht schon hinter sich. Da kann es mit der Hygiene nicht so weit her sein.

Zumal der Schlaf noch in den Augen klebt und auch das, was Frisur sein soll, sagt mir, dass es eben noch auf dem Kissen pappte. Manche machen sich nicht mal die Mühe, sich anzukleiden, sondern tauchen im nächtlich zerknitterten Liebestöter bei uns auf.

Entsetzt starre ich darauf, was mir an meiner Kasse so wenig verlockend entgegengestreckt wird: Dem Herrn, der gerade das Band bestückt, ist die Hose so weit hinuntergerutscht, dass der nackte, weiße, schwammige und behaarte Hintern zur Hälfte herausschaut. Wahrlich kein schöner Anblick! Das arme kleine Mädchen, das davor steht und beim Herumdrehen mit der Nase fast in diesem haarigen Maurer-Dekolleté verschwindet. Das ist einfach zu viel! Ich fordere den Kunden auf, erst einmal die Hose hochzuziehen, eher würde ich ihn nicht bedienen. Ich füge hinzu, das sei ja eine Zumutung, es seien schließlich auch Kinder anwesend. Daraufhin erwidert der haarige Hintern ganz gelassen, er hätte am Morgen seinen Gürtel nicht finden können.

So manches Mal spielen sich hier die reinsten Horrorszenarien ab: Angstvoll wandern meine Blicke umher. Meine Nasenflügel beginnen zu beben. Sie haben die Witterung aufgenommen. Wo ist er? Da! Ich entdecke ihn. Das Grauen fährt mir durch alle Glieder.

In fünf Meter Entfernung blitzen seine fettigen, strähnigen Haare auf, die unter einer schmierigen blauen Schirmkappe herunterhängen. Seine Kleidung starrt vor Schmutz und erzählt mir, was gestern, letzte Woche und den gesamten vorigen Monat auf seinem Speiseplan stand. Und wieder einmal habe ich das große Los gezogen. Ich bin die

Auserwählte, auf deren Kassenband er nun sein Bier lädt. Mit angehaltenem Atem oder nur durch den Mund atmend, lege ich einen Zahn zu, hoffe, dass ich es dadurch schneller hinter mir habe.

Bei seinem Sixpack angelangt, rolle ich, soweit es irgendwie möglich ist, die paar Zentimeter mit meinem Stuhl zurück, presse den zu zahlenden Betrag zwischen meinen Lippen hervor und bin kurz davor, ohnmächtig vom Stuhl zu kippen. Seine von Pusteln und Ausschlägen entstellten Arme gleiten tief bis zu den Knien in die Taschen seiner labberigen Hosenbeine hinab. Und fördern eine Handvoll stinkiges Kleingeld zutage. Mir sträuben sich die Nackenhaare, denn ich weiß, was ich nun tun muss, will ich diesen Horror zu einem schnellen Ende bringen. Lieber ein Ende mit Schrecken als ein Schrecken ohne Ende, rede ich mir innerlich ein. Ich fasse allen meinen Mut zusammen, alle Begriffe von Ästhetik und Hygiene werden auf einen weit entfernten Planeten gebeamt. Todesmutig greift meine zitternde Hand in seine mit Warzen übersäte, um die nötigen Münzen herauszuklauben. Während dieser Sekunden des Entsetzens muss ich feststellen, dass es mir nicht mehr gelingt, meinen bis dahin entspannten Gesichtsausdruck unter Kontrolle zu halten. Ihnen geht es wohl ähnlich, während Sie das lesen, oder?

Geschafft! Aber ich habe eine Gänsehaut vom Kopf bis zur Sohle. Kaum hat er sich entfernt, sprinte ich zur Nebenkasse, an der ein rettendes Fläschchen Desinfektionsgel steht, und schmiere mich bis zu den Oberarmen damit ein.

Ich sitze in meiner Kassenbox und schaue mir die Leute an, die an meiner Kasse anstehen. Da – was ist das? Da popelt doch einer mit Hingabe in seiner Nase! Bis er an der Reihe ist, dauert es noch etwas, und er bohrt und bohrt. Sichtlich mit Erfolg. Später steht er dann vorne bei mir, mit dem Popelfinger zählt er mir in kleinen Münzen den Betrag hin, den er zu zahlen hat. Igitt, ich spüre, wie es mich am ganzen Körper gruselt. Der Plaque-Alarm am nächsten Tag ist mir sicher!

Auch eklig: Viele Kunden wissen nicht, wohin mit ihrem Leergutbon, während sie die Waren aufs Band packen, und stecken ihn kurzerhand in den Mund. Wenn sie dann nach vorne kommen – halt, da war doch noch was? Ach ja, der Bon! Grinsend drücken sie mir dann schnell den angelutschten Fetzen in die Hand. Sage ich dann was dazu, bin ich die Empfindliche, die sich nicht so anstellen soll.

Ich habe ja nichts gegen Raucher. Rauchen kann auch was Feines sein – sieht man von der reinen Sucht mal ab. Wenn ich aber Leute an der Kasse habe, die mir mit ihrem Atem auf die Pelle rücken, mit ihren gelben Fingern im Kleingeld rumwühlen und zum krönenden Abschluss ein paar Bröckchen vom Würfelhusten auf den Scanner spucken, dann wird mir schon anders.

Besonders zur kalten Jahreszeit wimmelt es geradezu von Bazillen-Mutterschiffen. Man wird stark angeniest oder bekommt vom Hustenanfall eine volle Breitseite. Oftmals sind es die Kinder, die noch nie etwas vom «In-die-Armbeuge-Husten» gehört haben. Manchmal wundere ich mich, dass die Bakterien und Viren, die bei uns an der Kasse so quirlig und lebenslustig umherhüpfen, uns nicht ständig die Seuche bringen. Aber anscheinend sind wir abgehärtet und immun gegen Vogel- und Schweinegrippe und wie sie alle heißen.

In Bodennähe hocke ich vor dem Regal und räume Shampoo-Kisten ein. Ein Mann nähert sich. Ich drehe meinen Kopf und befinde mich plötzlich unglücklich nahe an seinem Gesäß. Genau in dem Moment ist er wohl nicht mehr Herr über seinen Schließmuskel und lässt es krachen. Er hat mir wahrhaftig ins Gesicht gefurzt. Es stinkt erbärmlich, und ich hätte ihn am liebsten erwürgt.

Auch vorne an der Kasse kommt oft plötzlich von irgendwoher ein unangenehmer Duft herübergeweht. Er umhüllt einen wie ein Nebel. Und man kann nicht weg! Man kann nicht mal jemanden beschuldigen, weil der Übeltäter nicht zu entlarven ist. Und das Schlimmste ist, der Furzer spaziert raus, lässt aber seinen Ableger drinnen, und alle nachfolgenden Kunden denken, die Kassiererin hätte ihre Blähungen nicht unter Kontrolle.

Was soll die Scheiße?

Sie denken, das reicht jetzt aber? Uns schon lange! Wir müssen das aushalten, dann schaffen Sie das auch. Kopf hoch, Nase zu und durch! Kommen wir also von den Ausdünstungen zu den Ausscheidungen. Immer wieder fragen Kunden mit verkniffenem Gesichtsausdruck: «Darf ich mal Ihre Toilette benutzen? Es ist ganz dringend!» Obwohl wir aufgrund der fehlenden Kundentoilette die strikte Anweisung haben, nur Kindern oder Schwangeren Zutritt zum Personal-WC zu gewähren, winken wir doch lieber alle durch, bevor Schlimmeres passiert. Manche fragen erst gar nicht nach dem WC, sondern schleichen lieber direkt hinter die Filiale, um sich in die dort spärlich wachsenden Büsche zu schlagen. Sie hoffen, sich unbemerkt ihrer drückenden Last entledigen zu können – wenn da nicht das Fenster zu unserem Aufenthaltsraum wäre ... So manches Mal geht, während man genüsslich in sein Sandwich beißt, vor dem Fenster plötzlich der Mond auf. Guten Appetit!

Einmal entdeckten wir genau vor besagtem Fenster einen Riesenhaufen. Ganz und gar unmenschlich groß. Selbst für einen großen Hund wäre er zu voluminös gewesen. Nichtsdestotrotz meine ich, Sherlock Holmes, mit detektivischem Spürsinn: Es muss ein Menschenhaufen sein! Denn niemand hat jemals von einem Tier gehört, ob groß oder klein, das sich nach seinem Geschäft mit einem Papiertaschentuch den Hintern abgewischt hätte.

Einmal, frühmorgens, wir haben soeben die Pforten geöffnet, gehe ich in meine Kasse. Ein Stammkunde, der jeden Morgen seine Brötchen bei uns einkauft, kommt herein und beginnt, im ersten Gang merkwürdig herumzuhüpfen. Was macht der nur da? Spielt der Himmel und Hölle? Bisher machte der Kunde immer einen recht vernünftigen Eindruck. So kann man sich täuschen! Jetzt tanzt er seinen Namen? Aber nein! Er versucht nur den braunen Spuren auszuweichen, über die sich kurze Zeit später eine Kollegin – bewaffnet mit Schrubber und Putzeimer – bitterlich beschwert: Ein Riesenhund – der schon wieder! – hat einen Riesenhaufen direkt vor die Eingangstüre gemacht. Die Kunden sind natürlich schön mit ihren Einkaufswagen hindurchgefahren und haben so kunstvolle Muster im ersten Gang kreiert, um die herum der hüpfende Kunde seinen Ausdruckstanz aufführen musste.

Leider kommt es auch vor, dass das Häuflein – diesmal spreche ich selbstredend nicht vom Hund – einfach in die Hose geht. Das passiert. Kleine Kinder mit vollen Pampers können ganz nützlich sein, will Muttern das Anstehen in der Kassenschlange vermeiden. Mit angehaltenem Atem werden die Eltern kleiner Stinker schnell vorgelassen. Für alle Mütter, die den Trick noch nicht kennen: Windeln immer *nach* dem Einkauf wechseln! Warten Sie, bis Junior ordentlich einen reingebrutzelt hat. Er macht Ihnen den Weg frei!

Auch eine alte Dame verlor über mehrere Meter Ladengang immer wieder eine Kleinigkeit. Ihre Tochter wusste sich in ihrer Panik nicht zu helfen, riss ein paar Geschirrhandtuch-Pakete auf, die wir im Angebot hatten, und wischte damit die Unfälle weg. Dann drückte sie aber die Tücher meiner ahnungslosen Kollegin in die Hände, die gar nicht wusste, wie ihr geschah. Wie man verstehen kann, war sie auch nicht sehr begeistert, als sie realisierte, was sie da in den Händen hielt. Auf dem Personalklo wurde die Mutter in eine brandneue THEO-Hose gesteckt, und weg waren sie. Das Aroma blieb. Auch das passiert.

So, jetzt erlöse ich Sie von dem leidigen, unappetitlichen

Thema mit der Krönung der Dreistigkeit: Dies war nicht der Knirps, der, gerade als ich mich zu ihm umwandte, seinen kleinen Willi einpackte und den Reißverschluss seiner Hose hochzog, nachdem er in meine Kasse gestrullert hatte. Nein! Dreist war seine Mutter, die ihm in aller Seelenruhe dabei zugesehen hatte!

Originale

Elvis lebt! Gestern hat er Bananen gekauft. Und dort stehen doch wahrhaftig Fidel Castro und Wolfgang Niedecken zusammen am Schnapsregal. Und da! Nein – ist das nicht George Clooney, dessen Arme bis zu den Schultern in den Herrenslips wühlen?

Nun, bei uns im THEO läuft so allerlei Volk rein und raus. Wir entdecken schon mal den einen oder anderen Prominenten. Bevor uns aber jetzt alle Damen die Türen einrennen, weil sie sich bei THEO bewerben wollen, um mit dem schönen George ein Schwätzchen zu halten, möchte ich Sie schnell auf den Boden der Tatsachen zurückholen und hinzufügen: Leider handelt es sich nur um Doppelgänger, die den Stars zum Verwechseln ähnlich sehen und darum von uns dann prompt den passenden Namen verpasst bekommen. Also bloß kein Neid! Die «wahren Originale» bei uns sind ganz andere! Und um die werden Sie uns sicherlich nicht beneiden.

Da ist zum Beispiel der Freundliche, der ständig Nörgelnde, der Verehrer oder der Ruhige. Und da der Nervöse, der nie Zeit hat. Da ist der Zufriedene und der Witze-Erzähler, da ist der stets Drängelnde, der Stinkende, der Umständliche und der, der immer zu wenig Geld hat. Da ist der

Schlechtgelaunte, der Säufer, der Grapscher und der, der immer auf Toilette muss …

Wir kennen sie alle, wissen oft auch von ihren dubiosen, heimlichen Vorlieben, denen sie in ihrer Freizeit nachgehen. Der eine treibt sich gerne im Dunkeln unter Brücken herum, lediglich mit einem Mäntelchen bekleidet. Der andere entblättert sich, nachdem er den Trimm-dich-Pfad im Wald absolviert hat, und erschreckt scharenweise Passanten. Aber hier in unserem THEO sieht man ihnen das natürlich nicht an, hier verhält man sich ganz normal. Oder, nun ja, so normal man halt kann.

Da loben wir uns doch die Kameraden, die geistig zwar etwas eingeschränkt, aber eben dadurch ganz besonders sind. Da haben wir ganz weit vorn Albert! Der Hit in Dosen! Albert ist geistig behindert und hat es sich zum Sport gemacht, in jeder freien Minute alle THEOs im Umkreis von 25 Kilometern mit dem Fahrrad zu besuchen und in jedem einzelnen die Mindesthaltbarkeitsdaten des Diät-Joghurts Sorte Heidelbeere miteinander zu vergleichen. Die Ergebnisse seiner weltbewegenden Forschungsarbeiten bekommen wir dann – ob wir wollen oder nicht – ins Ohr gedrückt. Ob im Laden oder an der Kasse im dicksten Gewühle. Stotternd und kaum zu verstehen klärt er uns auf, dass bei dem Filialleiter Herr Meyer in Hintertupfingen der Joghurt aber einen Tag länger haltbar sei als bei uns.

Auch die Tagesausflüge der Behinderteneinrichtung sind immer sehr einzigartig. Heute auf dem Programm: «Wir lernen einkaufen», also ab zu THEO! In Schulklassenstärke stürmen sie den Laden. Da kommt der Verkehrsfluss an den Kassen schon mal zum Erliegen. Man bekommt Sachen erzählt, da fällt einem nix mehr zu ein!

Vom strahlenden «Ich habe Frikadellen gekauft!» über ein stolzes «Ich habe gestern Kartoffeln geschält!» bis hin zu «Ich hab meine Freundin geküsst. Jetzt sind wir verlobt!» ist jeder Kommentar dabei.

Meist bereitet es uns echte Freude, wenn sie hereingeschneit kommen, denn an Freundlichkeit, Ehrlichkeit und aufrichtiger Dankbarkeit mangelt es diesen Leuten wirklich nicht. Da könnte sich so mancher psychisch einigermaßen gesunde Mensch eine dicke Scheibe von abschneiden.

Als es hart auf hart kommt, es ans Zahlen geht, sagt die Betreuerin zu ihrem Schützling: «Jetzt musst du den 10-Euro-Schein abgeben!» Er schaut mich beinahe ängstlich an. Reicht mir dann langsam und zögernd den Schein. Als ich ihn nehmen will, hält er ihn jedoch fest, will ihn nicht herausrücken. Aufmunternd nicke ich ihm zu: «Du schaffst das!» Aber krampfhaft umklammert er seinen Schatz und lässt ihn einfach nicht los. Dann fängt er auch noch an zu jaulen: «Nein, nein, nein!» Auch die Betreuerin beginnt nun an dem wertvollen Schein zu zerren und auf ihn einzureden, bis er ihn schließlich freigibt.

Die Betreuer leisten ganze Arbeit, um ihre Schützlinge ins normale Leben zu integrieren. Bei den psychisch Kranken, die schon seit Jahren zu uns kommen, kann man den Erfolg dieser Bemühungen sofort sehen. Viele kaufen inzwischen völlig auf sich allein gestellt ein und meistern das ohne Probleme.

Manche Kunden werden auch in keiner solchen Einrichtung behandelt, obwohl es vielleicht besser wäre! Bestes Beispiel ist Helga!

Die Stimme von Helga, 50, ist schrill und laut, wenn sie von irgendwo aus der Kassenschlange nach vorne kreischt: «Warum haben Sie mir gestern gesagt, es gebe keine Margarine mehr, und heute steht sie da?»
Tja, da kam wohl über Nacht das Raumschiff Orion vorbeigeflogen und hat die hier abgeworfen. Einfach so! Nicht zu fassen! Ist ja eine Frechheit! Seufzend kläre ich sie auf: «Na, weil sie gestern ausverkauft war und heute wieder geliefert wurde!»

Oder sie gellt von hinten aus dem Laden nach vorn: «Warum haben Sie denn jetzt die Kasse zugemacht?»
In Zukunft melde ich mich wohl besser bei ihr ab!

Die Kollegin, die an den Regalen vorbeigeht, um die Bestellung einzugeben, bekommt von Helga jede Menge gute Ratschläge, was genau sie zu bestellen hat. Frei nach Helgas Einkaufszettel und Geschmack natürlich! Und im Befehlston! Der fettarme Joghurt Sorte Birne fehlt, und bei der Aufschnittplatte die Sorte mit dem Paprikarand! Puh! Natürlich können wir ihr da nicht weiterhelfen, denn unser Bestellcomputer schluckt nur Artikelnummern, die dann durch die Leitung gejagt werden, und keine Aufsätze oder Weihnachtswunschzettel.

Zu den Zeiten, als wir die leeren Pfandflaschen noch von Hand zählen mussten, hatte Helga immer eine Flasche mehr gezählt als wir. Immer! Rotzfrech brüllte sie dann so laut, dass wirklich jeder im Laden es hören konnte, und bezichtigte uns des Betrugs.

Sie lässt sich auch nichts sagen. Ich wollte eine neue Kiste Kartoffeln in der dafür freien Lücke parken – Helga stand quer davor. Auf dreimaliges Bitten in verschiedenen Oktaven und Lautstärken, sie möge doch bitte einen Schritt zur Seite gehen, kam keinerlei Reaktion. Selbst die umstehenden Kunden schüttelten nur mit dem Kopf. Da fuhr ich kurzerhand los und schob sie – ganz sachte, natürlich – Stück für Stück in die Lücke und parkte sie so mit den Kartoffeln zu. Wer nicht hören will ...

Keiner von uns ist scharf darauf, sie abkassieren zu dürfen. Man ist locker 5–10 Minuten mit ihr beschäftigt.

Sie krakeelt: «Wo sind denn meine Bananen? Wo sind denn nur meine Bananen? Ich hatte doch Bananen. Ach, da sind sie ja! Nä, hat die die schon in den Wagen geschmissen! Die hat die in den Wagen geschmissen!»
Ihr Gesicht ist plötzlich ganz nah an meinem und knurrt ein drohendes, langgezogenes: «DUUU!»
Oh, bitte, bitte tu mir nichts!

Ist ihr Kram im Wagen, wird erst mal der Preis in Frage gestellt, denn sie hat ja einen anderen Betrag ausgerechnet.

Wieder kreischt sie mich an. Der Tinnitus ist mir sicher!
Endlich hievt sie ihre schwere schwarze Tasche auf den Tresen. Die hat ungefähr hunderttausend Fächer und ist voll-
gestopft bis oben hin. Dann beginnt sie, nach ihrer Geldbörse zu suchen. Sie wird zusehends nervöser, denn die ist, wie
so oft, unauffindbar.

> **Sie fängt an zu jammern und zu schreien und heult: «Nä!
> Mein Geld ist weg! Wo ist denn mein Geld? Ich werd ver-
> rückt, das Geld ist weg!»**
> **Und dann: «Meine Eltern sind ja beide bekloppt. Die haben
> sie nicht mehr alle!»**

Das ist der Zeitpunkt, an dem mir trotz allen Mitgefühls mit
dem armen Geist ein hysterisches, irres Kichern entfährt.
Schließlich verdächtigt sie dann die Kunden hinter sich.
Das Spiel treibt sie so lange, bis wir keinen anderen Ausweg
sehen und die Polizei alarmieren. Die rollen schon mit den
Augen, wenn sie Helga erblicken. Man kennt sie schon!
 Dann wäre da noch Käsekuchen-Karl. Ein stattlicher
Herr im Anzug. Wenn der den Laden betritt, flüchten alle
Mitarbeiter, ob männlich oder weiblich, schnellstmöglich
in einen anderen Gang. Mir ist niemals ein Mensch begegnet, der so negativ eingestellt ist und in so kurzer Zeit so viel
schlechte Laune verbreitet. Selbst andere Kunden sind vor
seiner «Ich-kann-mich-selbst-nicht-leiden-Ausstrahlung»
nicht sicher. Mit denen legt er sich auch immer wieder an.
Er sucht regelrecht nach Anlässen zum Meckern. Fault in
den zehn übereinandergestapelten Kisten Mandarinen nur

eine einzige vor sich hin – er findet sie! Und fasst prompt hinein in den Matsch! Schon geht eine Salve von Beschimpfungen über den nächst greifbaren Schuldigen hernieder. Ausgiebig lässt er sich über THEO und seine Organisation aus. Wir haben schon lange gelernt, nichts, aber auch rein gar nichts mehr darauf zu erwidern. Er hört es eh nicht, und irgendwann, wenn ihm die Luft ausgeht, hört er von selbst wieder auf.

Bei jedem Einkauf zieht es ihn magisch zur Tiefkühltruhe. Dort sucht er dann nach einer bestimmten Sorte Kuchen zum Aufbacken – nämlich Käsekuchen! Wenn aber nur noch Pflaumen-, Apfel- und Streuselkuchen zu finden sind, geht das Spielchen wieder los. Er schnappt sich die erste Verkäuferin, die er in die Fänge bekommt, und lässt erneut seine Litanei aus bösen Vorwürfen auf sein Opfer herabregnen. Tritt aber das Gegenteil ein, ist also noch genügend Käsekuchen vorhanden, glauben Sie nicht, dass er jemals einen gekauft hätte! NEIN! Er kauft nie einen, er meckert nur, wenn keiner da ist!

Aber er hat auch seine guten Tage. Da denkt man dann: Wow! Glück gehabt! Der kann ja richtig nett sein. Er ist dann super drauf und sehr redselig, erzählt sogar von seiner Familie und den Enkelkindern.

An solchen Tagen fragt er dann ganz umgänglich: «Das Duschzeug hab ich noch nie gekauft. Ist das gut?» Und fügt sogleich in alter ruppiger Manier hinzu: «Wenn nicht, kriegen Sie es wieder!»

Im Grunde mag er uns ja! Ganz bestimmt! Ich glaube, er braucht diese Unterhaltungen mit uns – egal, ob positiv oder negativ. Vielleicht ist er einfach zu oft allein? Alles klar, Frau Dr. Phil.!

O nein, da kommt sie wieder! Frau Advokat! Ja, genau, ihr Mann ist jemand! Und sie ist der Albtraum schlechthin! Sie steuert direkt auf meine Kasse zu. Schnell suche ich den Knopf meiner zuverlässigen Kollegin Schantall aus dem Untergrund. Und schon ertönt: «Kasse 4 schließt. Bitte nicht mehr auflegen!» Sollen sich doch die anderen mit der herumschlagen. Ist zwar nicht gerade die feine Art, so mit meinen Kolleginnen umzugehen, aber bei dieser Kundin kenne ich weder Freund noch Feind! Da gehe ich über Leichen! Frau Advokat kommt überhaupt nie zu Potte an der Kasse. Äußerst ärgerlich, wenn ich doch einmal nicht bemerkt habe, wie sie bei mir an der Kasse auflegt. Da hilft nur eins: zumachen, abmelden und verschwinden! Um in aller Ruhe eine Zigarette zu rauchen oder eine erholsame Sitzung auf dem stillen Örtchen abzuhalten. Wenn ich zurückkomme, ist sie – wenn ich Glück habe – fertig mit Aufladen und wartet vorne, um mir auf die Nerven zu gehen. Und das kann sie!

Erst einmal wird ausgiebig herumgejammert, dass sie jetzt *sooo* viel für zu Hause einkaufen müsste, da sie gerade wieder mal aus Spanien zurückgekehrt sei, wo sie immer viele Monate verbringt. Die Spanier haben mein vollstes Mitgefühl!

Genauso behäbig und lahm, wie sie zuvor ihren Kram aufs Band gefummelt hat, geht alles wieder zurück in den

Wagen. Sie ist, laut ihrer telefonbuchdicken Krankenakte, nicht so schnell, weil sie Schmerzen im Arm hat. Noch dazu legt sie zwischendurch immer wieder Pausen ein, stützt sich ab, japst, stöhnt herum und schnappt nach Luft:

«Ich kann nicht mehr!» Sie legt theatralisch die Hand aufs Herz.

Ich frage besorgt: «Geht's denn, oder soll ich einen Krankenwagen rufen?»

Sie – ganz das Leiden Christi: «DAS würden Sie tun? Nein, das ist aber sehr aufmerksam von Ihnen! Das würden Sie WIRKLICH für mich tun?»

«Ja», erwidere ich genervt, aber überfreundlich – die Firma wäre stolz auf mich –, «wir lassen doch hier niemanden sterben!» Seitdem habe ich nun leider Gottes einen Stein bei ihr im Brett.

Herr Bollmann, ein hartgesottener Geselle der älteren Generation. Ein knötteriger alter Knochen. Sehr frauenfeindlich und ständig über das weibliche Geschlecht schimpfend. Seine arme Frau! Wenn ich die wäre, hätte ich ihm schon längst Scherben ins Essen gemischt!

Er kommt immer mit folgenden Worten mit seinem Wagen an die Kasse: «Donn mer ens ietsch de Katzefoderduse zälle!» Während des nun folgenden Kassiervorgangs kommt dann garantiert: «Mädche, du mähs dir selwer de Arbeitsplaatz kapott, maach doch jätt langsamer!»

Am Ende, nach mehreren Knöttereien, verabschiedet er sich

stets mit dem Gruß: «Bes in de nächste Woch! Un betrinke Se sich nit!»

Ein einziges Mal kam ich ihm zuvor und habe es gewagt, diesen Satz vorwegzunehmen und sagte: «Dann bis nächste Woche, Herr Bollmann.»

Er knurrte mürrisch zurück: «Wenn mer dann noch levven.»

Woraufhin ich schlagfertig konterte: «Herr Bollmann, jetzt machen Sie uns aber mal keine falschen Hoffnungen!» Ein Raunen ging durch meine Kundenschlange, gefolgt von Gelächter. Die Ortsansässigen kennen ihre Pappenheimer auch.

Dann ist da noch der lange, dünne Typ mit Spitzbart. Der hat noch gar keinen Namen von uns bekommen. Er ist einfach nur einmalig. Einmalig dämlich! Ende 30. Immer dunkle Sonnenbrille auf der Nase und im Anzug. Durchgeknallt! Aber total!

Er kommt an die Kasse und fragt: «Na, jetzt sind Sie sicher neugierig, was ich so alles gekauft habe, nicht wahr?» (JA, KLAR DOCH, HMM.) Und dann: «Wie viel Umsatz machen Sie eigentlich so?»

Hat der sie noch alle? Solche banalen Fragen von ihm überhöre ich ganz einfach, da stelle ich mich taub.

Einmal hatte er einen fettarmen Kirschjoghurt, dessen Deckel eingerissen war. Ich fragte ihn, ob ich stornieren solle oder ob er sich einen neuen holen möchte.

«Ja», antwortete er, «ich möchte einen neuen, dann klingeln Sie mal schön Ihrem Chef. Der soll mir einen holen!»

Ich erwiderte, dafür hätte unser Chef leider keine Zeit, da

müsse er sich schon selber bemühen. Im THEO tanzte mal wieder der Bär, und mein Chef hätte an meinem Verstand gezweifelt, wenn ich ihn für so etwas rausgeklingelt hätte. Aber dieses Herzchen bestand weiterhin darauf. Und überhaupt wäre dort hinten kein Kirschjoghurt mehr, und der Filialleiter solle ihm jetzt sofort einen besorgen. Ich war kurz davor, ihm etwas anderes zu besorgen, nämlich eine Freifahrt in die nächste Anstalt.

Dahin hätte er den anderen Kunden auch gleich mitnehmen können, der kurze Zeit später in Pyjama, Bademantel und Birkenstock-Schlappen bei uns auftauchte und, als wenn nichts wäre, seinen Einkauf tätigte. Entweder hatte der eine Wette laufen, oder die Herren mit der Zwangsjacke waren schon auf der Suche nach ihm.

In den Wintermonaten laufen viele warm eingepackte Menschen durch den THEO. Meist in tristem Grau oder Schwarz. Dunkel eben. Doch plötzlich blinkt und blitzt es durch die Gänge. Hat jemand eine Discokugel angeschmissen? Nein! Unser Weihnachtsbaum ist mal wieder unterwegs! Eine ältere Kundin mit grellbunter Hose, auf dem Kopf eine dunkelgrüne Mütze, Marke selbstgestrickt, über und über bestückt mit 2-Euro-Stück-großen, glänzenden Pailletten in Blau, Grün und Silber. Dabei ist Weihnachten doch noch eine Weile hin.

So richtig in Festtagslaune war wohl auch eine andere, etwas betagtere Kundin. Die Kunden hinter ihr lachten schon alle verschmitzt und drehten sich verlegen weg. Ein Kind flüsterte sogar: «Mama, guck mal!», und zeigte mit dem Finger auf das geschmückte Haupt der Dame. Dort thronte nämlich pompös ein Gesteck aus Grünzeug, roten Beeren und hellbeigen Christbaumkugeln. Wenn noch Kerzen dabei gewesen wären, hätte ich glatt auf Adventskranz getippt. Sie wirkte nicht so, als ob sie sich darüber bewusst war, was sie dort oben hatte. Da saß ich nun in der Kasse, alle Wartenden in der Schlange grunzten vor sich hin, tuschelten oder kicherten, und ich erstickte beinahe bei dem Versuch, mir krampfhaft das Lachen zu verbeißen.

Und natürlich, nicht zu vergessen, der «Trennstab-Kontrolletti»! Er ist so der Typ «Ich-weiß-ja-sonst-nichts-mit-mir-anzufangen»! Er kommt sehr häufig, meist mehrmals täglich. Immer kauft er wenig, so drei bis zehn Teile.

Alle Waren befinden sich auf dem Band. Ich kassiere eine Kundin ab, er kommt direkt nach ihr.

Ich frage die Frau: «Bis wohin geht denn Ihr Einkauf?», da auf dem Band kein Trennstab liegt.

Sofort regt sich der Kontrolletti auf: «SIE hätten doch den Balken dahin legen müssen!»

Ich erwidere, möglichst gelassen: «Mir ist es egal, wer dieses Holz dorthin legt, nur einer sollte es tun.»

Er, beleidigt: «Bestimmte Leute haben es wohl nicht nötig, den Stab zu legen! Achten Sie mal darauf!»

Hab ja auch sonst nichts zu tun! Circa vier Stunden später.

Ich kassiere immer noch. Ich schaue zu einer Kundin hoch, weil wieder der Trennstab fehlt: «Bis hierhin?»

Sie antwortet: «Ja, da ist das Ende meines Einkaufs.»

Aber ich habe die Rechnung ohne mein Trennstab-Studien

betreibendes Penibelchen gemacht! Denn da steht er wieder. Und hat absichtlich keinen Balken gelegt, um zu beobachten, was passiert. Schon wettert er wieder los: «Sehen Sie? Habe ich Ihnen doch gesagt! Blond und blauäugig, und man braucht keinen Trennstab zu legen!»

Ich sehe ihn an und frage: «Was wollen Sie denn von mir? Das war doch jetzt wohl kein Problem. Es war doch genug Platz zwischen den Waren.»

«Ja, dann lege ich das nächste Mal auch keins hin, und dann tippen Sie zwei Einkäufe zusammen und müssen alles wieder stornieren.»

Sprach's und dampfte ab! Soll er doch von mir aus zehnmal am Tag kommen und sein Trennstabspiel spielen.

Das Beste kommt zum Schluss: das Ehepaar Sänger! Nur er singt, aber einen Vogel haben sie beide. Beide sind nicht unbedingt das, was man gemeinhin als Augenweide bezeichnet. Er ist klein, dick, um die 60, die Haare zackig kurz geschnitten im Kasernen-Stil. Zwischendurch versuchte er es auch mal mit einem modischen Lagerfeld-Zopf. Sie ist ungepflegt, ebenfalls beleibt, immer in einem verwaschenen Strickpullover. Manchmal ist auch ihr Sohn dabei – der kommt ganz nach dem Vater.

Er singt also, oder vielmehr johlt er seiner Holden Liebesweisen quer durch den Laden zu und fühlt sich dabei wie Karel Gott. Sie errötet und lächelt geschmeichelt. – Man meint, man wäre in einem Schmalzfilm aus den Fünfzigern. Das könnten wir alles ertragen, wäre er nur nicht so ein Ekelpaket.

«Ich wollte das Keyboard abholen, das man mir zurückgelegt hat.»

«Das kann gar nicht sein, denn wir legen keine Ware zurück.»

Darauf er, ganz der Großkotz: «Aber natürlich, das hat man mir zugesagt. Außerdem bin ich Tester und von der THEO-Geschäftsleitung ausgesandt.»

JA, SISCHER DAT! «Wer soll denn das gewesen sein, der Ihnen das Keyboard zurückgelegt hat?»

«Na, wie der heißt, weiß ich nicht. Aber so ein Arsch mit großer Schnauze und nichts dahinter!»

«Und THEO schickt so einen wie Sie raus? Das glauben Sie doch wohl selber nicht.»

Sofort zückt er sein Handy, um der angeblichen THEO-Geschäftsleitung zu berichten. Dass ich nicht lache!

An der Kasse prollte er dann mit allen schlechten Manieren, mit denen er aufwarten kann. Meine Kollegen brauchten eine weitere Kassiererin und klingelten nach mir. Ich war gerade in der Pause und hatte das Klingeln nicht gehört.

Nach einer Weile meint meine Kollegin an der Kasse zu der anderen: «Wo bleibt die nur wieder? Ist die eingepennt? Macht die ein Nickerchen, oder was?»

Der Sänger meint einen schlüpfrigen Kommentar abgeben zu müssen: «Die macht sicher ein Fickerchen.»

«Wie bitte?», fragt die Kollegin und dachte, sich verhört zu haben.

«Na, ein Vickerchen mit V – höhöhö.»

Legastheniker ist er also auch noch!

Als ich mich schließlich daranmachte, die netten Herrschaften abzukassieren – die Gattin war schon raus –, ging es schon wieder los. Diesmal der Sohn.

Rechts von mir ist eine Ablage für größere Teile, dort lege ich ein gescanntes Paket Toilettenpaper ab, ohne zu bemerken, dass sich der Sohn, der gelangweilt mit einer Hand die Waren einräumt, seine andere Hand ganz cool dort abgestützt hatte. Aus dem Augenwinkel bemerke ich, wie er mich kampfeslustig mustert. Dann hebt er seine Hand, die unter dem Klopapier lag, leicht an, sodass die Packung in meinen Kassenraum fällt.

Sofort keift er mich an: «Ihnen ist da was runtergefallen. Heben Sie das sofort auf!»

Ich stelle das Kassieren ein, wende mich dem Vater zu und sage: «Also, von Anstand hat der wohl noch nie was gehört. Das hätten Sie ihm aber beibringen können!» Daraufhin entschuldigt sich der Vater tatsächlich aufrichtig für seinen missratenen Sohn!

Währenddessen suchte eine Kollegin, die Feierabend hatte, auf dem Parkplatz ihr Auto, um nach Hause zu fahren. Darin fand sie zu ihrem großen Erstaunen auf dem Beifahrersitz eine Dame vor, die darauf wartete, nach Hause chauffiert zu werden. Es war keine Geringere als die Frau des Sängers, die auf ihren singenden Vagabunden wartete, der aber drinnen immer noch damit beschäftigt war, uns auf die Nerven zu gehen. Sie wollte den Wagen meiner Kollegin partout nicht verlassen. Das hat man nun davon, wenn man vergisst, die

Autotüren zu verriegeln: Meine Kollegin musste dort so lange warten, bis der Ehemann seine verwirrte Frau aus dem Wagen geholt hatte und die glückliche Familie wieder vereint war.

Durchgeknallt –
der Nächste, bitte!

**«Ich habe hier eine Luftmatratze gekauft. Die verliert Luft.
Ist das normal?»**
JA KLAR! DAS GEHÖRT SO!

Was ist eigentlich normal? Wer ist normal? Welches Verhalten ist normal? Darüber kann man sicherlich streiten.

Aber manches, was uns unsere Besucher so darbieten, gehört ganz eindeutig in die Kategorie «Vollkommen durchgeknallt»!

Oder was meinen Sie? Kann man es als allgemein verbreitet ansehen, was eine unserer speziellen Kundinnen so vor dem Kühlregal treibt? Handelt es sich um ein schamanisches Ritual oder gar um Teufelsaustreibung? In einer Hand hält sie ein Stück Ziegenkäse, in der anderen ein Silberkettchen mit einem Pendel dran. Und das schwingt sie höchst konzentriert über dem Stück Käse. Dann legt sie es weg, nimmt ein anderes und wiederholt die Prozedur. Seltsam! Was mag der Käse ihr wohl flüstern? «Nimm mich jetzt!»? Oder welche esoterischen Schwingungen sind wohl von der Ziege in die Milch und letztendlich in den Käse gelangt? Ich weiß es nicht und will es auch gar nicht wissen!

«Ist es immer um 15:00 Uhr so ruhig hier?»
JA! IMMER!

Ich saß in der Kasse, plötzlich rumste es gewaltig. Das kam
aus dem Eingangsbereich. Kurz darauf kam ein Mann zu
mir, der sich die Stirn hielt. Dort leuchtete eine dicke, rote
Beule. Er beklagte sich bitterlich bei mir, dass die Tür-Auto-
matik wohl defekt sei. Gerade als er eintreten wollte, sei die
Schiebetür zugegangen. Ups! Das sah mir ganz nach einer
Schmerzensgeld-Forderung aus. Ich gab dem Mann etwas
zum Kühlen und ging zur Tür, um die Funktion zu prüfen.
Sie tat ihren Dienst einwandfrei. Aber an der Glasscheibe
neben der Tür konnte man eindeutig einen großen Fettfleck
erkennen! Dem Kunden musste ich dann leider erklären,
dass er gegen die Scheibe gelaufen war …

«20 Euro 26, bitte!»
**Ein irres, fast schon hysterisches Lachen schlägt mir ent-
gegen.**
**«Das ist ja lustig! Das gibt's ja nicht!», und erneut kräht sie
voller Freude los.**
**Krampfhaft denke ich nach, womit ich ihr wohl diesen se-
xuellen Höhepunkt beschert haben könnte?**
«Eine Schnapszahl!»

Eine Kundin kommt zur Kasse. Unter dem Einkaufswagen
liegen drei Pakete Toilettenpapier. Ich bitte sie, mir eines
anzureichen, da ich den Strichcode scannen muss. Sie bückt
sich zum Wagen hinunter und fummelt und frickelt eine

Weile herum. Dann kommt sie wieder hoch und reicht mir eine einzelne Klorolle!

«Ist der Raumduft giftig?»
«Wie? Giftig?»
«Nun ja, der ist doch sicher giftig!»
«Wollen Sie den trinken, oder was?»
«Nein, das nicht.»
«Ich denke nicht, dass wir ihn verkaufen würden, wenn er tödlich wäre.»
Apropos Gift …
«Wo haben Sie denn die leckeren Methanol-Bonbons? Die habe ich doch immer hier gekauft?»

An der Kasse hinter mir poltert und kracht es ein paarmal heftig. Ich drehe mich um und sehe, wie ein Kunde mit beiden Händen auf den Zigarettenträger haut und damit meiner Kollegin wohl mitteilen will, dass sie das Rollo öffnen und damit die Zigaretten freigeben soll.

Mir schwant Böses! Da ist er genau an die Richtige geraten. Renate – unser «THEO-Ranger» –, die immer klare Worte spricht. Und schon geht es los:
«So, mein Freund! Jetzt hör mir mal gut zu! Und hör GUT zu, denn das sage ich nur ein einziges Mal. Du benimmst dich jetzt hier an meiner Kasse. Und wage es bloß nicht, dich jemals wieder bei mir anzustellen. Dann lernst du mich erst richtig kennen! Verstanden?»

Bei uns haben Sie übrigens keinerlei Anspruch auf persönliche Betreuung. Das gehört ganz eindeutig nicht zu unseren Service-Leistungen, da müssen Sie sich schon Ihren Zivi, den Butler oder Ihre Haushaltshilfe mitbringen.

Ich schufte im ersten Gang still vor mich hin. Ein gutgekleideter Mann kommt in den Laden, nimmt mich direkt ins Visier und stürmt auf mich zu. Er schwenkt einen ziemlich langen Einkaufszettel und fragt mich: «Können Sie mir mal helfen? Das hier brauch ich alles!», und versucht mir seine Monats-Einkaufsliste in die Hand zu drücken.
Bei der Suche nach ein, zwei oder drei Artikeln, kein Thema! Ich würde ihm selbstverständlich gerne helfen, aber was zu viel ist, ist zu viel! Ausweichend und möglichst schonend bringe ich ihm also bei, dass das leider nicht gehe, weil ich meine Arbeit machen müsse.
«Ich kenne mich hier aber nicht aus! Wenn Sie mir die Sachen nicht holen, brauch ich ja drei Stunden!»
Ich blicke ihn ungläubig an und ermuntere ihn: «Das schaffen Sie schon. Ist ja recht übersichtlich hier.»
Er aber dreht sich um und verlässt mit einem «Dann gehe ich besser woanders hin» den Laden.

Beim Kontrollgang bemerke ich allerlei Zeichen, dir mir die nackte Wahrheit über unsere Konsumgesellschaft aufzeigen: Was sind wir doch für ein verwöhntes Volk! Die Deutschen, ein Volk von Korinthenkackern!

Dass niemand die blanken Konservendosen ohne Banderole kaufen will, ist einleuchtend. Nicht jeder hat Lust auf ein spannendes Überraschungspaket zum Mittagessen. Auch beschädigte einschichtige Verpackungen, aus denen einem der gesamte Inhalt mehr oder weniger appetitlich entgegenquillt, muss niemand kaufen. Aber doppelt einge- packte Ware? Außen Karton, innen Folie?

Vergessen und zurückgewiesen stehen Kartoffelpüree und Reispackungen herum. Aufgerissen, um einen Blick hineinzuwerfen, aber dann stehengelassen. In der Tiefkühl- truhe drängen sich unzählige Haxen traurig und verloren aneinander. Sie wurden in der Packung begrapscht und ge- zählt, gekauft wurde aber die unversehrte Schachtel. Kaffee- päckchen mit eingerissenem Papier, die verschweißte Alu- verpackung darunter vollkommen intakt, stehen von allen verschmäht im Regal. Sogar der Sechserpack Wasser, dessen bloßes Manko darin besteht, dass das aufgeklebte Plastik- band, welches als Griff dienen soll, sich gelöst hat, leidet unter starkem Selbstzweifel – bin ich denn nicht so attraktiv wie die anderen?

Und immer wieder Klopapier! Zehnerpacks Toiletten- papier zuhauf. An einer Ecke aufgerissen und wieder hin- geschmissen. Was für eine Verschwendung! Benutzt und beschmutzt, um die Griffqualität zu testen? Wir erbarmen uns seiner und nehmen es für unser Personalklo. Da kann man oft das Örtchen vor lauter Papier nicht mehr finden. Die nächste Durchfall-Epidemie kann kommen – wir sind bereit!

Allen anderen, dem Püree, dem Reis, dem Kaffee, ist der Weg vorbestimmt, ihr Schicksal besiegelt: Alles wird entsorgt. Oh – Schrei der Entrüstung! Nun, kein verwöhnter

Kunde will so etwas kaufen. Wenn schon, dann will man auch hundertprozentige Ware für sein Geld – und da muss schließlich auch die Pappe stimmen, auch wenn man diese zu Hause sofort entsorgt. Nicht nur makellose, perfekte Produkte sind gefragt, sondern auch makellose, perfekte Verpackungen. Es zerreißt mich innerlich, wenn ich wieder einmal einen Bund Bananen in den Müll befördere, nur weil die Folie mit dem Strichcode fehlt. Oder eine Schale mit perfekten Nektarinen, noch vollzählig, nur die Netzhülle fehlt. Wenn man bedenkt, wie viele Lebensmittel in Supermärkten oder schon direkt beim Erzeuger weggeworfen werden, nur weil sie nicht schön sind – die Kartoffel nicht rund genug oder die Gurke zu krumm! Es ist ein Verbrechen an der Menschheit! Nicht mehr und nicht weniger! Einfach unfassbar! Skandalös!

Da steht einer und drückt eifrig auf den Tomaten herum. Durch die Verpackung hindurch presst er wieder und wieder seine Finger in jede einzelne!
«Davon werden sie auch nicht schöner», ermahne ich ihn. Daraufhin legt er die Packung weg, nimmt eine andere und legt sie in seinen Einkaufswagen.
Ein anderer dreht eine volle Kiste Bananen um und kippt den Inhalt mit Schwung auf die darunterliegenden Bananen.
«Hallo, was meinen Sie, wer die noch kauft? Die werden doch matschig und braun davon!»
Als Antwort bekomme ich ein Schulterzucken und: «Ich brauche aber den Karton!»

Durchgeknallt – der Nächste, bitte!

Aber nicht nur der Verbraucher ist schuld. Der kennt es ja nicht anders. Der weiß vor lauter Schönheitswahn bald nicht mehr, was in der Natur wächst oder was maschinell hergestellt wird. Weiß er noch, ob eine Kartoffel am Baum oder in der Erde wächst? Wie eine Kuh aussieht oder wie viele Beine so ein Huhn nun wirklich hat? Na vier! Das weiß doch jedes Kind! Immer vier Schenkel in der Verpackung. Manche Hühner haben aber auch sechs.

Und derjenige, der nicht so auf das Äußerliche achtet, der nicht nur die glattesten Äpfel isst, kriegt wiederum kaum eine Chance, für seine Einstellung belohnt zu werden. Er ist bereit, das Netz mit Orangen, in dem nur eine einzige gammelig ist, zu einem geringeren Preis zu kaufen. Meist wird jedoch nur müde abgewunken: Die Verbuchung ist zu kompliziert, oder es schadet dem Warenwirtschaftssystem. Oder es wird einfach nicht gern gesehen, weil es wiederum einige ganz clevere Spezialisten unter den Kunden gibt, die dann am nächsten Tag die Orangen zurückbringen, um sie in Unversehrte umzutauschen.

«Wo haben Sie denn den Joghurt fürs Klo?»
«Bitte???»
«Na, den Joghurt fürs Klo!»
Ich schnalle überhaupt nichts! Überlege schon, ob sie damit ihre Pilzinfektion in der Genitalgegend behandeln will …
«Äh, ich weiß nicht, was Sie meinen. Wollen Sie damit das Klo putzen, oder wie?» Vielleicht ist es ja der ultimative Hausfrauen-Tipp, die Toilette mit Milchsäurebakterien zum Strahlen zu bringen?

«Quatsch! Nä, der Joghurt für den Darm. Wo man von aufs Klo gehen muss!»

Sie spricht also von dem allseits bekannten Joghurt, der die Verdauung anregt. Da soll mal ein Mensch draufkommen!

Ein heulender Ton schallt durch den Laden. Ich stöhne auf! Schon wieder der Pfandautomat! Da war ich doch vor einer Minute erst. Und da steht noch immer derselbe Kunde und kämpft mit seinem Leergut.

«Der ist bestimmt voll!», meint der Kunde.

Auf der Anzeige steht aber mal wieder Störung. «Nein, der ist eben erst geleert worden.»

«Na, die blöden Automaten, die machen auch, was sie wollen.»

Ich stimme ihm zu, dabei ist in den seltensten Fällen der Automat daran schuld, sondern der, der ihn bestückt.

Erst mal wäre dringend zu beachten, dass auf dem Automaten «Einwegflaschen» steht. Also kann Mann oder Frau so viele Dosen, Glasflaschen, Mehrwegflaschen und leere Marmeladengläser reinstopfen, wie er oder sie will – et jeht nischt!

Zweitens steht da: «Bitte mit dem Boden voran einlegen». Da kennt der nix! Da ist er eigen!

Drittens: Wenn der Kunde die Bierflasche hineinsteckt und dann bemerkt: «Halt, da war doch noch was drin!», dann danach greift, um den guten Schluck noch zu retten, dann ist das Gerät erst recht ungehalten und klagt den vom Entzug Gepeinigten sogar noch an: «Diebstahlversuch im Flaschenteil!»

Viertens: Der schlaue Automat liest das Pfandzeichen, das sich auf der Banderole der Flasche befindet. Ist diese nicht mehr vorhanden, kann er beim besten Willen auch nichts lesen.

Und fünftens: So schlau ist er auch wieder nicht, denn er kann immer nur eine Flasche nach der anderen lesen. Die Kundin, die sage und schreibe neun Flaschen gleichzeitig hineinstopfte, sodass kein Lüftchen mehr durchpasste – ich frage mich bis heute, wie sie das geschafft hat –, hat ihn daher schier zum Exodus gebracht. Tilt, Error, Zappenduster!

Sechstens und zu guter Letzt: Der Flaschenschlucker hat eine Seele, und die ist eindeutig maskuliner Natur. Zumindest scheint es so, denn bei manchen, meist den männlichen Kunden, jault er immer wieder los. Nach jeder zweiten Flasche. Die bitten uns schon direkt, die Flaschen für sie einzulegen, denn: «Der mag mich nicht! Mit Frauen kann der besser!»

Manche Kunden, die sich dem Automaten nähern, lassen bei uns schon die Alarmglocken klingeln. Der hyperaktive Herr Krause ist schon beim Betreten der Filiale gereizt bis aufs Blut. Sobald er aber vor dem Pfandautomaten steht, sieht er rot. Er schnaubt vor Wut und schreit cholerisch erst das Teil, später dann uns an. Wir warten besorgt auf den Tag, an dem er mit der Axt kommt, um das Gerät zu zertrümmern.

Frau Wagner steht total überfordert am Pfandautomaten und ruft immer wieder aufgelöst um Hilfe.
«Frau Wagner», erkläre ich behutsam, «wenn Sie gefüttert werden, und Sie wollen nicht mehr essen, aber jemand

stopft immer weiter etwas in Sie hinein, dann übergeben Sie sich, oder?»

«Ja.»

«Na also! Genauso ist das mit dem Pfandautomaten auch. Liegt eine Flasche drin, und Sie schieben immer weiter nach, würgt der auch!»

Es ist Mittag. Ich fahre mit meinem VW Bus auf den THEO-Parkplatz. Es scheint wieder etwas umsonst zu geben, denn der Parkplatz ist brechend voll. Aber da entdecke ich eine Lücke – in die sich prompt eine Frau reinstellt. Ich halte langsam auf die Lücke zu, ich will sie ja schließlich nicht über den Haufen fahren. Sie schaut mich entsetzt an, weicht einen Schritt zur Seite und stellt sich schützend vor ihren Kleinwagen. Mit bösem Blick beobachtet sie genau, wie ich problemlos neben ihrem Auto einparke. Als ich aussteige und sie frage, ob etwas nicht in Ordnung sei, bekomme ich die vorwurfsvolle Antwort:

«Dass die Leute mit den großen Autos hier parken dürfen! Das ist ja das Letzte! Wie können Sie nur mit dem großen Auto hier parken!»

«Wo soll ich denn sonst parken? Ich sehe keinen Busparkplatz.»

«Die großen Autos machen mir alle immer Kratzer rein.»

Also hier der dringende Aufruf an alle Bus-, Lieferwagen- oder Geländewagenfahrer:

BITTE PARKEN SIE NICHT MEHR
IN DEN GENORMTEN KLEINEN PARKLÜCKEN!
DENN NUR GROSSE WAGEN HINTERLASSEN
KRATZER UND BEULEN!

Was glauben Sie im Übrigen, wie viele Kleinwagen, die führerlos und unkontrolliert über den Parkplatz rollten, wir wieder zurück in die Parklücke geschoben und mit einer Palette hinter dem Reifen gesichert haben?

Wie viele Hunde wir mit Leckerli und Wasser versorgt haben, bevor sie sich draußen ins Koma bellten?

Wie viele im Auto zurückgelassene Kinder, die heulend auf dem Parkplatz herumirrten, wir wieder ihren Eltern zugeführt haben? Und Autoschlüssel! Tatsächlich bleibt der eine oder andere Autoschlüssel bei uns liegen. Gehen die dann zu Fuß nach Hause, oder haben sie den Zweitschlüssel immer dabei? Die Menschen scheinen kopflos alles andere zu vergessen, wenn sie in den THEO stürmen.

Beim heutigen Aktionstag gibt es Herren-Slips. Ein Kunde dreht mir im Laden sein Hinterteil zu und wühlt hinten in seiner Hose:

> «Könnten Sie bitte mal nachsehen, was ich für eine Größe in der Unterhose habe? Ich weiß nicht, ob 5 oder 6. Ich möchte mir nicht die Falschen kaufen!»

Beim Unterhosenkauf war auch Albert (der Spezialist für die Verfallsdaten von Diät-Joghurt) nicht schlecht. Wir hatten

Liebestöter für Herren im Angebot. Ich warte ja immer darauf, dass mal ein knackiger Po bei den Tangaslips Hilfe braucht. Aber nein! Ich werde natürlich bei den Feinripp-Unterhosen mit erotischem Eingriff angesprochen. Und das auch noch von Albert! Er kam auf mich zu und fragte mich stotternd, ob es denn keine Unterhosen in Größe 6 gäbe. Er könne keine finden. Also stürzte ich mich bis zum Hals in die Herrenslips und brachte zwei Exemplare in der gewünschten Größe zutage.

«Hier sind zwei. Genügt dir das, Albert?»

«Nein, noch eine.»

Ich schmeiße mich erneut in die Unterhosen und angle noch eine heraus.

«Jetzt hast du drei. Reicht dir das?»

«Ja», antwortet er, «drei habe ich ja noch zu Hause, dann komme ich für die Woche genau hin.»

???

Merkwürdiges Wahlverhalten

Immer wieder macht es mich stutzig, mit welchem geistigen Sachverstand die Kunden ihre Waren auswählen. Da werden natürlich immer die Artikel aus der hintersten, untersten Kiste hervorgekramt. Könnte ja sein, dass die Gummibärchen hinten eine Woche länger haltbar sind. Denn die vorne sind ja *nur* ein Jahr haltbar. Dabei futtert die Kundin die komplette Tüte sowieso am Abend während des schnulzigen Liebesfilms im Fernsehen auf. Da ist die eine Woche natürlich äußerst wichtig.

Bei Lebensmitteln kann man dem Gedankengang und den Beweggründen der Kunden ja noch folgen. Aber bei Zahnbürsten? Oder Waschmittel, Mülltüten, Rasierklingen? Wenn wir Inventur haben, geht das folgendermaßen vonstatten: Wir verbringen den halben Tag damit, angebrochene Kartons wiederaufzufüllen. Das ist bei manchen Artikeln sehr nervig und zeitaufwendig, wie bei den Zahnbürsten, den Tütensuppen, Batterien, Strumpfhosen und so weiter. Wenn die Kisten komplett sind, stellen wir sie nach hinten und den Anbruch nach vorne. Meist drehen wir die hinteren Kisten auch noch um, damit bloß niemand auf den Gedanken kommt, sich von dort zu bedienen. Früher haben wir sogar in dicken Lettern «Finger weg!» draufgeschrieben! Wir hoffen inbrünstig, die Kunden mögen unsere Absicht erkennen und tolerieren. Aber keine Chance! Wenn wir nach fünfzehn Minuten wieder nach den Zahnbürsten schauen, sind die hintersten Kartons nach vorne gezerrt, und wir können wieder anfangen zu zählen. Auch die Batterien aus der unteren Kiste riechen wahrscheinlich frischer oder sehen strahlender aus als die gleichen aus der oberen Kiste. Das ist nicht wirklich zu verstehen!

Die Logik zum Begreifen einfachster physikalischer Zusammenhänge scheint bei manchen Zeitgenossen ebenfalls ganz und gar zu fehlen. Stehen zwei oder auch drei Kisten aufeinander, werden die Artikel aus dem untersten Karton gezogen, sodass früher oder später alles zusammenbrechen muss. Sind wir hier denn im Lande Liliput? Die THEO-Kunden scheinen alle nicht über die 1,40 Meter hinausgewachsen zu sein. Gefährlich wird das Ganze an den Wasserpaletten. Die 1,5-Liter-Flaschen im Sechserpack wiegen ja schon was. Also müssen sie so einfach wie irgend möglich in den Wagen geschafft werden. Was tut der Kunde? Er zieht immer schön von unten raus. Sogar gestandene Männer tun das! Irgendwann bricht dann das wackelige Gebilde wie ein Kartenhaus zusammen. Pech nur, wenn die neun Kilogramm auf einem Fuß oder – schlimmer noch – auf einem Kinderkopf landen! Nun raten Sie mal, wer dann wieder dran glauben muss?

«Hat der Aldi Fernbedienungen?»

Anscheinend weiß der Kunde nicht, wo er sich gerade befindet.

«Sie sind hier im THEO!»

«Ja, das weiß ich doch. Aber Sie haben ja keine Fernbedienungen. Hat der Aldi welche?»

Mit ernsthafter Miene antworte ich: «Wissen Sie, heute bin ich noch hier, morgen im Penny, aber übermorgen habe ich wieder Dienst im Aldi. Schauen Sie doch dann mal dort vorbei.»

Vielleicht werde ich ja zur Mitarbeiterin des Jahres gekürt, wenn ich auch noch die Angebotsblättchen unserer Mitbewerber auswendig lerne …

Ein Kunde, derselbe übrigens, der mir einen Blick in seine Unterhose zwecks Größenbestimmung gewährt hat, steht am Tiefkühlschrank. Er klappt einen Zollstock auseinander und hantiert im Pizzafach herum. Ich beobachte ihn eine Weile, wie er die Salamipizza ausmisst, diese wieder weglegt und dann die Maße der Margherita überprüft. Ich gehe zu ihm und frage, was er denn da mache. Er fühlt sich peinlich ertappt und erklärt, er sei in eine neue Wohnung gezogen und habe jetzt einen neuen Kühlschrank. In diesem erscheine ihm das Eisfach so klein, dass er nicht sicher sei, ob die Pizza dort hineinpasst. Okay, das sah zwar ganz schön bescheuert aus, aber der Kunde war wenigstens kreativ und wusste sich zu helfen!

«Haben Sie Bio-Wasser?»
Bitte? Was ist das denn! Und wo in Gottes Namen wird das angebaut?

Unsere Sorgenkinder sind die Grünen – unsere Bio-Kunden. Zwar nicht mehr mit Mähne, Latzhose und Jesusschlappen, aber doch ein ganz spezieller Menschenschlag! Die stellen oftmals Thesen auf – Prädikat ökologisch wertvoll –, da wird einem schwindelig. Kein Wunder, dass die Umwelt den Bach runtergeht.

«Ich kaufe NUR Bio, von den anderen Sachen kriegt man trockene Haut!»

Bio-Waschmittel, Bio-Socken, Bio-Handtücher – der Bio-Wahn kennt keine Grenzen! Vor ein paar Tagen schickte ich meinen Mann los, eine Tüte Salzbrezeln zu kaufen. Was brachte er mit? «Bio-Brezeln»! Aber die Erklärung stand auf der Verpackung: aus rein biologischem Anbau! Wir beschlossen dann, in Zukunft keine Salzbrezeln mehr in Tüten zu kaufen, sondern direkt den ganzen Brezelbaum. Den würden wir dann in unseren biologischen Garten pflanzen und jedes Jahr leckerste Bio-Salzbrezeln aus eigenem Anbau ernten.

Da werden Bio-Gurken gekauft, um das ach so umweltbewusste Gewissen zu beruhigen. Dass die aber mit dem Flieger von China bis hierher transportiert werden und damit für ein prima Klima sorgen, stört dann nicht. Man kann es ja auch irgendwie verstehen. Der Verbraucher ist in Panik. Jeden Monat ein neuer Skandal. Ob BSE oder Gammelfleisch, ob dioxinverseuchte Eier, EHEC oder Gen-Gemüse. Auf der Suche nach Lebensmitteln, die «man noch essen kann», landet man früher oder später bei den Bio-Produkten und reitet mit auf der beruhigenden Bio-Welle. Sofern man es sich finanziell erlauben kann. Zum Glück gibt es ja Bio-Fleisch von Tieren, die nur mit bestem Bio-Futter genährt wurden. Die von früh bis spät glücklich auf saftigen, grünen Bio-Wiesen herumhüpfen durften. Die mit seelischem Beistand zur schmerzfreien Bio-Unterwasser-Schlachtung geführt wurden, dabei erst bio-vollnarkotisiert wurden, um kurz darauf träumend und sanft in den Tierhimmel zu gleiten. Schön, dass wir noch an Märchen glauben! Waren die Kuh und das Schwein – die beide ihre wohlgenährten Körper für das gemischte Bio-Hackfleisch hergegeben haben – wirklich glücklich miteinander? Wer weiß das schon?

Beim allabendlichen Kehren kurz vor Geschäftsschluss fällt mir vor dem Weinregal ein älterer Herr auf. In der Hand trägt er eine große, lederne Arzttasche. Er öffnet die Tasche und entnimmt ihr einen Korkenzieher. Sprachlos über so viel Dreistigkeit beobachte ich, wie er damit eine Flasche Wein entkorkt. Wieder greift er in seine mysteriöse Tasche. Was zaubert er dieses Mal hervor? Ein Weinglas und Käsehäppchen!

Na, da soll mich doch … Der veranstaltet tatsächlich seine ganz private Weinprobe! Wo ist die versteckte Kamera?

«Ich muss doch erst einmal probieren, ob er mundet, bevor ich welche davon kaufe», erklärt mir der Mann.

Tatsächlich kauft der Kunde schließlich eine ganze Kiste dieses Weines. Wie hätte er sich wohl verhalten, wenn ihm der Wein nicht geschmeckt hätte?

Erinnern Sie sich an den Glykolwein-Skandal Mitte der achtziger Jahre? Österreichische Winzer hatten ihrem Wein verbotenerweise Frostschutzmittel beigemischt. Und in Deutschland wurde fleißig der eigene Wein mit dem aus Österreich gepantscht.

Ein älterer Herr steht mit einem riesigen alten Holzkorb vor mir an der Kasse. So ein richtig antikes Teil. Und das ist bis obenhin gefüllt mit leeren Weinflaschen. Er ist total aus dem Häuschen. Er sei Weinliebhaber und habe schließlich den ganzen Wein getrunken, und nun sei ihm so komisch.

Ich hebe die Augenbrauen, schaue dabei zweifelnd in den Korb und sage: «Das glaube ich Ihnen gerne, dass Ihnen

**komisch ist, wenn Sie die alle intus haben! Und das liegt
sicherlich nicht am Frostschutzmittel!»**

Der Herr war jedoch sicher, auf der Schwelle des Todes
zu stehen. Er ließ sich nicht beruhigen und forderte eine
gründliche Gesundheitsuntersuchung beim Arzt auf unsere
Kosten!

**«Können Sie mir mal helfen? Ich kriege den Chip nicht aus
dem Wagen!»
Grrr, wie ich das hasse! «Moment, ich kassiere eben zu
Ende, dann komm ich raus.»**

Es ist doch immer dasselbe. Ich weiß auch nicht, wieso das
so ist, aber wenn wir dann rausgehen und die Kette selbst
in den Einkaufswagen schieben, springt in neun von zehn
Fällen das Fach auf, und der Chip oder Euro kommt zum
Vorschein. Manchmal müssen wir mit einem spitzen Gegen-
stand auch ein wenig nachhelfen. In einigen seltenen Fällen
haben wir richtig Schwierigkeiten. Und zwar dann, wenn
die Kunden sparen wollten und statt des Euro ein russisches
Geldstück, einen Knopf oder sonstige in Form gedrückte
Knetmassen-Teile mit Gewalt dort hineingequetscht haben
und uns vorher noch mit Unschuldsmiene beteuert haben,
es wäre ein Euro drin. Ich frage mich nur, warum sie uns
extra rufen – um den Knopf oder die zerknautschte Masse
unbedingt wiederzubekommen? Was ist daran so wertvoll?
  Aber auch der Wert eines Plastik-Einkaufswagenchips
ist auf gar keinen Fall zu unterschätzen! Das haben meine

Kollegen und ich lernen müssen. So unfassbar es auch ist: Das Herz des Kunden hängt an diesem kleinen Stück Plastik! Als wäre es von unschätzbarem Wert, wie ein Ehering oder ein altes Familienerbstück.

In unserer Filiale gab es mal einen Notfall: Während der Geschäftszeiten brach ein Feuer aus. Wir versuchten, die Kunden so schnell wie möglich aus dem Laden zu bekommen. Wir baten sie, ihre Einkaufswagen stehenzulassen und sich sofort zum Ausgang zu begeben. Aber da kannten wir unsere Kundschaft schlecht! Diese einfache Aufforderung entwickelte sich zu einem Riesenproblem. Unsere Leutchen waren einfach nicht gewillt, ihre Einkaufswagen in den Flammen zurückzulassen. Jedoch nicht, weil sie ihren Einkauf, der sich bereits darin türmte, im Stich lassen mussten. Die Sachen waren ja schließlich noch nicht bezahlt.

Nein! Aber der Chip! Dieser unsagbar kostbare Chip!

«Und was machen Sie dann mit meinem Chip? Der steckt da doch noch drin! Ich räume schnell meinen Wagen aus, dann habe ich wenigstens meinen Chip wieder.»

Gibt es das? Würde man wirklich sein Leben aufs Spiel setzen wegen einer Kunststoffscheibe mit einem Loch in der Mitte? Ja! Man würde! Wir bewahrten trotz der Absurdität der Situation die Ruhe und forderten die Kunden ruhig, aber bestimmt auf, den Laden OHNE IHRE WAGEN sofort zu verlassen. Aber ohne eine verlässliche Vereinbarung ging es anscheinend nicht.

«Kann ich denn heute Nachmittag noch mal zurückkommen und mir meinen Chip abholen? Dann haben Sie die Wagen doch sicherlich wieder ausgeräumt?»

«Ja, wenn wir und der Laden mitsamt Ihrem Chip dann noch nicht zu Asche verbrannt sind, können Sie das gerne mal versuchen!»

THEO ist nicht abgebrannt! Aber wir hatten nach dem Feuer eine Woche wegen Aufräumarbeiten geschlossen. Das Gelände war großräumig abgesperrt. Aber das hinderte die Leute nicht daran, über die Absperrung zu klettern, um täglich – ich wiederhole – täglich nach ihrem Chip zu fragen. Einige wenige hatten auch einen echten Euro darin zurückgelassen. Als es uns irgendwann zu bunt wurde, sammelten wir die verbliebenen Chips und zahlten die Fragenden aus. Als aber die Plastikchips alle ausgegeben waren, fuhren wir großzügig mit der Ausgabe von Euromünzen fort. So viele Kunden waren zur Zeit des Brandes gar nicht im Laden, wie wir Euros ausgezahlt haben. Dann hatten noch wahrhaftig einige die falschen Chips abgeholt, denn der grüne, auf den die Kundin so resolut bestand, war weg. Und den Euro wollte sie nicht. Sie wollte ihren grünen Chip! Basta!

In dieser Woche waren nicht die Aufräumarbeiten, die uns hohen körperlichen Einsatz abverlangten, das Anstrengendste, sondern die mit ihren Wertvorstellungen ins Irrwitzige abgedrifteten Chips-Süchtigen.

Die lieben Kleinen
und ihre Mütter

«Jakob! Jakob! Jakooob!» Super-Mutti ist wieder da! Mit Jakob, der völlig desinteressiert im Einkaufswagen sitzt. Er kann einem nur leidtun, denn seine Mutter redet pausenlos auf ihn ein:

> «Jakob, was sollen wir denn heute kochen? Sollen wir die leckeren Bio-Möhren mitnehmen? Das wäre doch toll! Nein, Jakob, jetzt gibt es keine Gummibärchen! Und die Bonbons sind überhaupt nicht gut für dich! Ich hab dir doch erzählt, was die kleinen bösen Karies-Männchen mit deinen Zähnen machen! Schau mal hier. Ich kauf dir eine ganz leckere Reiswaffel, Jakob. Da freust du dich aber, was?»

O ja – Wahnsinn! Jakob schmeißt sich bald weg vor Freude und zieht einen Flunsch.

Genau wie Jakob leiden tagtäglich viele andere Kinder mit so wohlklingenden Namen wie Anton und Malte, Kimberley und Sigourney, Otto und sogar Oläxondö unter ihren Hyper-Super-Nanny-Müttern. Die haben die Angewohnheit, ihren Kindern haarklein alles, aber auch wirklich alles zu erklären. Unabhängig davon, ob die Kleinen geistig reif genug sind, um alles zu verstehen, was ihre Mütter so von sich geben: Der

14-jährige Johann wird genauso zugesülzt wie der 18 Monate alte Anton, der noch sabbernd und brabbelnd im Wagen sitzt und an einer Salatgurke lutscht. Fragen, die die Kleinen auf das richtige Leben vorbereiten sollen, wie «Sind die Milchsäurebakterien in dem Joghurt auch rechtsdrehend?», werden erbarmungslos bis ins kleinste Detail ausdiskutiert. Aus dem Kind soll ja schließlich ein kleines Genie werden, hochbegabt und hundertprozentig THEO-tauglich. Und das Ganze geschieht so lautstark, dass sämtliche Kunden, die das Pech haben, zur selben Zeit bei uns einzukaufen, erstens die Namen dieser Kinder nie wieder vergessen werden und zweitens alle noch von dem vielfältigen Bildungsangebot profitieren können. Im THEO müsste es von Intelligenzbestien geradezu wimmeln!

Aber auch die anderen Mütter gibt es, die – sobald sie den Laden betreten – vergessen, dass sie überhaupt Kinder dabeihaben. Oder ihnen sogar noch stecken: «So, Mami muss jetzt in Ruhe einkaufen, geht ihr mal schön spielen!» Na, super! Dosentürme bauen ist für uns ja noch gerade so vertretbar. Solange sie stehen bleiben! Auch seltsame Bauobjekte aus Toilettenpapier lockern das triste THEO-Bild doch eher auf. Aber eine kreischende Kinderhorde, die im THEO Fangen spielt? Das kleine quirlige Gemüse, das überall herumwuselt oder unerwartet hinter der Milchpalette um die Ecke geschossen kommt und das man nur um Haaresbreite mit dem Elektro-Hubwagen verfehlt! Und die Mütter interessiert das nicht die Bohne. «Liebelein, wir feiern deinen Kindergeburtstag dieses Jahr nicht bei McDonald's. Wir fahren schön zum THEO!»

Die lieben Kleinen und ihre Mütter

Der kleine Justin kommt immer mit seiner Oma einkaufen. Meist samstagnachmittags, wenn wir alle Hände voll zu tun haben mit dem Freiräumen der Aktionsfläche für Montag. Also 20 Tische oder Container stapeln und ins Lager fahren. Justin hilft dabei in keinster Weise. Ist jedoch hochinteressiert an jedem einzelnen Handgriff, den wir tun. «Wo fährst du das hin?» – «Warum?» – «Wie funktioniert der Hubwagen?» – «Was machst du jetzt?» – «Warum klingelt es jetzt?» – «Wo gehst du hin?» Schrei! Und Oma ist unauffindbar! Die einzige Frage, die ich von ihm akzeptieren würde, wäre: «Warum würgst du mich?»

Ich mache die Warenbestellung und stehe vor dem Tiefkühlschrank, Abteilung Fisch. Es dauert nicht lange, da höre ich ihn schon: «Was machst du da?»

Ich knurre: «Ich bestelle neue Ware.»

«Waruhum?»

«Ich muss mich konzentrieren.»

«Wie geht das mit dem Gerät?»

«Wenn du jetzt nicht still bist und dich ganz schnell schleichst, stecke ich dich gleich zu den Fischstäbchen! Das verspreche ich dir!»

Das lässt er sich nicht zweimal sagen. Er zischt ab und nervt meine Kollegin weiter.

Quengelnde Kinder, schreiende Kinder, schlafende Kinder, zickige Kinder, weinende Kinder, nervige Kinder, neunmalkluge Kinder, auf dem Boden strampelnde Kinder … alles vollkommen «normale» Kinder! Viele Kunden fühlen sich extrem gestört durch die Eskapaden der kurzen Bürgerlein. Sie vergessen wohl, dass ihr eigener Sprössling ebenfalls jede einzelne dieser Phasen durchgemacht hat, oder – falls sie kinderlos sind – dass sie selbst auch mal so waren und damit ihre Mütter zur Verzweiflung gebracht haben. Wir sparen uns vorne an der Kasse meist jede Bemerkung. Die Mütter der heulenden Kleinen sind schon gestresst genug. Und auch die wohlwollenden Ratschläge vieler Kunden, das Baby hätte Hunger, oder man solle doch nachgeben und den Schokoriegel kaufen, oder gar, das seien aber schlecht erzogene Kinder, bringen die Erziehenden nur näher an den Rand des Nervenzusammenbruchs. Da hilft ein herzliches und ehrlich gemeintes «Einen schönen, ruhigen Feierabend wünsche ich Ihnen!» sehr viel mehr!

Doch bei manchen Kindern sind die Rollen vertauscht. Das heißt, WIR befinden uns am Rande des Nervenzusammenbruchs. Und die Mütter? Was in deren Köpfen vor sich geht, weiß wohl niemand: Da ist Frau Schürmann mit ihren Blagen. Vier an der Zahl. Die halten sich locker eine geschlagene Stunde im Laden auf, und wenn sie endlich raus sind, ist der Griff zur Kopfschmerztablette schon Ritual. Die hat ihre kleinen Rotzlöffel so was von überhaupt nicht im Griff. Lauthals fordern die kleinen Monster Schokoladenriegel, Kekse und Spielzeug. Die Mutter ist nicht gewillt, ihnen ihre vielfältigen Wünsche zu erfüllen, und schon geht das Theater los. Die Kinder flippen aus, schreien, brüllen ihre Mutter an und beschimpfen sie sogar aufs Ärgste. Sie lässt sich auch noch darauf ein und schreit zurück. Und so geht die Diskussion weiter von Gang zu Gang, über die gesamte

Dauer des Einkaufs. Zudem rast der eine mit *A-Ühh-A-Ahh* durch die Gänge, der andere klettert auf den Paletten herum, und der Dritte zerrt an dem Einkaufswagen und fährt damit Auto-Crash-Rennen. Dabei schlägt er immerzu die metallene Rückenlehne des aufklappbaren Kindersitzes mit voller Kraft auf und zu. Die Geräuschkulisse, die diese nette Kleinfamilie schafft, ist schier unerträglich! Die Ausdrücke auf den Gesichtern der übrigen Kunden sprechen Bände: verkniffene Gesichter, wo man auch hinschaut! Leidende Blicke werden ausgetauscht. Die Stimmung ist gereizt, sowohl bei der Kundschaft als auch unter uns Verkäuferinnen. Sind die Rabauken endlich raus, ist es, als hätte man eine Kettensäge abgestellt. – Diese Stille! An der Kasse hört man dann Kommentare wie: «Mein Gott, waren die schrecklich!» Oder: «Die arme Frau!» Mir fällt dazu nur eins ein – und das aus tiefster Überzeugung: Wenn ich solche Kinder hätte, würde ich mich aufhängen! Und mir wird klar: Was habe ich selbst doch für gut geratene Kinder. Ich werde mich nie wieder über sie beklagen!

Solche Dramen spielen sich zum Glück meist nur in der Ferienzeit ab. Dann plärren Quietsche-Enten laut um die Wette. Kinder krabbeln unaufhaltsam von einem Ende der Packtische zum anderen und wieder zurück. Kinderfüße treten hinter unseren Kassen monoton scheppernd gegen die Heizung. Schön, wenn die Ferien endlich zu Ende sind! Dann sind die Kinder gut und sicher weggesperrt – sorry, ich meine selbstverständlich untergebracht – in Schule oder Kinderhort. Für uns auf jeden Fall die entspanntere Jahreszeit! Um nicht den Eindruck zu erwecken, ich sei ein

Kinderhasser – NEEIIIN, mitnichten! –, möchte ich schnell bemerke, dass es selbstverständlich auch liebe Kinder gibt, die ihre Klappe halten, ihren Müttern zur Hand gehen, ihre Quengelware vom Taschengeld bezahlen, vertieft in ihre Schulbücher durch den Laden gehen und das Geschäft zum Abschied mit einem Knicks beziehungsweise Diener verlassen. Klingt auch irgendwie furchtbar, oder? Man will ja schließlich keine Marionetten heranziehen, sondern eigenständige, glückliche Persönlichkeiten.

Die folgende Mutter ist auf dem besten Weg dahin. Sie ist jung, sieht einfach umwerfend hübsch aus und hat drei kleine Kinder. Sie redet immerfort mit ihnen: «Das machen wir so, mein Engel.» – «Schatz, du hilfst mir ganz doll!» Irgendwie bewundere ich sie. Die Kinder sehen stets aus wie aus dem Ei gepellt und sie auch. Sie verliert niemals die Nerven. Auch nicht, als ihre Tochter bei uns im Kassenraum den sterbenden Schwan ausprobierte. Das niedliche, süße Mädel in ihrem hellrosa Kleidchen lag der Länge lang ausgestreckt auf dem Boden. Sie breitete immerzu die Arme und Beine seitlich aus – wie der Schneeengel. Auf jeden Fall lag das Kind so da, dass kein Kunde an ihr vorbeikam. Auf meine Frage, wem denn das sterbende Kind gehöre, erwiderte die junge Mutter, die an einer anderen Kasse stand: «Ach, die ist nur gerade in ihrer Selbstfindungsphase!» Aha … Sie machte jedoch keine Anstalten, das Kind wegzunehmen. Ich wartete förmlich darauf, dass ein Kunde mit vollem Einkaufswagen einfach drüberfährt mit der Bemerkung: «Ich auch!»

Deutschlands Zukunft in der Selbstfindungsphase – das passt ja!

Die lieben Kleinen und ihre Mütter

Die Mütter fallen aber auch unangenehm auf, wenn sie ihre Süßen nicht dabeihaben. Zum Beispiel montagmorgens zur Großveranstaltung «Kinderkleidung im THEO». Dann ist das Chaos immer am Größten. Die Damen greifen ungestüm mit beiden Händen tief in die hoch gefüllten Containertische, um ihre unersättliche Gier nach Schnäppchen zu stillen. Was sie dort zum Vorschein bringen, wird schnell in Sicherheit gebracht. Also fluchtartig mit der fetten Beute hinüber zu den Tiefkühltruhen. Dort wird das Ganze dann flächendeckend ausgebreitet. Packungen werden aufgerissen, T-Shirts begutachtet, Größen verglichen und Farben ausgewählt. Von den zwanzig Tüten werden dann zwei Exemplare in den Einkaufswagen geschmissen. Der Rest bleibt natürlich liegen. Dann geht es weiter zu den Hosen, den Kniestrümpfen und den Jacken. Nach einer halben Stunde sieht man unter dem Berg von Plastik, Pappe und Stoff auf den Tiefkühltruhen weder Pizza noch Pommes.

Der arme Rentner, der nur seinen Tageseinkauf erledigen will, steht mit seinem Brot und der Marmelade kopfschüttelnd im Gang. Angerempelt und eingequetscht von einer Generation rücksichtsloser Monster. Er versteht die Welt nicht mehr! Allen Nicht-Müttern kleiner Kinder kann man nur raten, vor dem Einkaufen einen Blick in die Werbebroschüre zu werfen und die Tage, an denen Kinderkleidung angepriesen wird, tunlichst zu meiden.

Andere Mütter, die nicht so viel Zeit haben, die zwanzig schnell herausgegriffenen Artikel zu prüfen, breiten diese also gar nicht erst über den Pommes aus, sondern kaufen direkt alle zwanzig. Am Abend oder am nächsten Tag bringen sie uns den ganzen Mist, der nicht passt oder gefällt, wieder zurück.

Manches Mal kann man auch ein ganz anderes Verhalten beobachten. Die Mütter raufen sich zusammen und arbeiten im Team. Die beiden Glücklichen, die sich den vordersten Platz am Containertisch ergattern konnten, hängen kopfüber darin und wühlen, was das Zeug hält. Immer wieder geht ein Arm mit einem T-Shirt hoch:

«Größe 140, Junge, Blau!»
«Hier!»
«Größe 122, Mädchen, Pink!»
«Ja, bitte, ich!»
Von hinten ertönen Wunschäußerungen: «Brauche 152, Junge, Grün!»

Man höre und staune. Der reinste Akt der Nächstenliebe. Es geht also auch anders!

Bömmel würde sagen: «Bah, wat habt ihr doch für 'ne fiese Charakter!»

Kaffee gefällig?

Liebe Leser und geschätzte THEO-Kunden. Falls es Ihnen nach einem leckeren Päckchen Kaffee für lau ist – besuchen Sie doch einfach den nächsten THEO! Dort spazieren Sie direkt nach vorne zur Kasse und betiteln die dort sitzende Mitarbeiterin mit «Blöde Schnepfe» oder was immer Ihnen gerade so Nettes in den Sinn kommt. Dann gehen Sie schön nach Hause, setzen einen feinen Beschwerdebrief auf – gerne auch mit einigen Rechtschreibfehlern –, und ab damit in den nächsten Briefkasten. Und schon nimmt die Sache ihren Lauf: Ein paar Tage später steht ein schleimtretender Krawattenträger mit dem Muckefuck vor Ihrer Tür. Zuverlässiger als die Post. Für den Fall, dass Sie kein Kaffeetrinker sein sollten, können Sie auch gerne Ihre Wünsche in dem Brief äußern: eine gute Flasche Wein, eine Schachtel Pralinen für die Liebste, oder gar ein edles, leckeres Likörchen? Was Ihr Herz begehrt, nichts ist unmöglich! Das reinste Wunschkonzert.

Und keine Sorge, auch die Schlampe an der Kasse geht nicht leer aus. Nach der überaus wohlwollenden Anrede von Ihnen gibt es das Wort zum Sonntag vom Chef des Chefs, als

Zugabe eventuell noch eine Abmahnung und – wenn es ganz gut läuft – noch ein schönes Magengeschwür. Das ist doch was! Im schlimmsten Fall muss man den Kunden noch um Entschuldigung bitten! *Ganz* schlecht fürs Selbstwertgefühl und die Psyche!

Falls Sie aber das schlechte Gewissen schon vorher plagen sollte und Sie Mitleid mit der dummen Nuss haben, könnten Sie auch gönnerhaft in einem Nebensatz Ihres Briefes erwähnen, dass Sie es nicht für unbedingt notwendig erachten, dass Ihre Beschwerde für die Kassiererin Konsequenzen nach sich ziehen soll. Sie sind ja schließlich kein Unmensch!

Das Spiel funktioniert – das zeigt die Vergangenheit. Und ob Sie Arzt, Handwerker, Schwachmat (wie im obigen Fall), Prinzessin Lillifee oder gar der König vom Auenland sind, spielt absolut keine Rolle. Bei THEO werden alle gleich behandelt – bis auf uns Schnepfen an der Kasse. Wir werden offenbar auf einer Stufe weit unter dem betrunkenen, unterbelichteten Proleten angesiedelt, wenn es darum geht, dem Kunden in den Allerwertesten zu kriechen. Auf der einen Seite werden wir dazu angehalten, die Kunden freundlich auf die Benutzung des Einkaufswagens hinzuweisen, oder unter Kartons im Wagen zu schauen. Tun wir das aber, und der Kunde flippt aus und beschwert sich, bekommt er ein Präsent und wir den Anschiss. Gerechte Welt? Nun ja …

Eine ähnliche Story erlebten wir mit zwei Herren, die im Ort allseits bekannt sind. In der Hinsicht, dass sie den lieben langen Tag irgendwo schön im Grünen auf einer Bank sitzen

«Bah, wat habt ihr doch für 'ne fiese Charakter!»

und sich die Kante geben. Diese beiden fühlten sich auch von einer Mitarbeiterin nicht freundlich behandelt. Wie so oft ging es um den fehlenden Einkaufswagen. Auch sie schrieben einen netten Brief, woraufhin der Chef vom Chef dann versuchte, sie mit dem obligatorischen Kaffeepaket versöhnlich zu stimmen. Es erwies sich als äußerst schwierig, da die beiden nie zu Hause, sondern dauernd unterwegs in der Natur waren, um ihrem Hobby zu frönen. Irgendwann ist die Übergabe dann aber doch geglückt. Doch jetzt hatten die Herren anscheinend Lunte gerochen und schrieben nun eifrig einen zweiten Brief an den Vorgesetzten vom Discounter. Im nächsten Brief sprachen sie zwar ihren Dank aus, bemerkten aber auch, dass sie ja zu zweit gewesen wären und auch mal gerne ein Bierchen nach Feierabend (???) trinken. Also wäre es nett, wenn von der Geschäftsleitung auch noch ein Sixpack rüberkäme. Die Freundin des einen Herrn trinke übrigens mal gerne ein Eierlikörchen, also könnte man ihr doch eine Flasche zukommen lassen. Aber damit wäre die Angelegenheit dann beendet, und man solle auch der Mitarbeiterin keine Steine in den Weg legen. Allerdings sei da noch eine andere Angestellte – diese Kollegin kannten die beiden Lebemänner näher, weil sie ihren Hund immer an dem Flüsschen ausführte, wo die Jungs ihren feuchtfröhlichen Tag verbrachten –, die so super wäre, dass die Geschäftsleitung ihr doch eine Gehaltserhöhung zahlen sollte!

Nun, da haben die Verantwortlichen mal gemerkt, wie es ist, wenn ihr blödes Päckchen nicht so gut ankommt. Zu einer zweiten Übergabe ist es dann aber nicht mehr gekommen. Auch von der Gehaltserhöhung hat die nette Mitarbeiterin leider nichts gesehen.

Die Kundin ist sichtlich überfordert. Ganz vorne auf dem Band schaukeln zwei große Sechserpacks Wasser, dahinter noch jede Menge Kleinkram. Sie versucht vergeblich, das voluminöse Wasser und den restlichen Kram in einen Karton zu packen, der dieser Last jedoch nicht standhält. Der Karton kracht und die Waren fallen zu Boden. Die Kundin verliert schnell den Überblick und ihre Ruhe. Ich versuche, ihr so gut es geht zu helfen und bemerke dabei überaus freundlich und halb zum Spaß, um sie nicht noch mehr zu stressen: «Mit einem Einkaufswagen könnten Sie es erheblich relaxter angehen!»

Sie lacht mich an, ist ehrlich einsichtig und sagt: «Da haben Sie aber auch recht! Ich mache hier ja nur Chaos!»

Gut und schön! Einsichtige, nette Kunden sind doch was Feines! Wenn da nicht das spießige Ehepaar hinter der Chaoskundin wäre. Sie wurden zwar nicht gefragt, meinen aber dennoch, sich wütend einmischen zu müssen: «Das gibt es ja wohl nicht! Eine Frechheit, wie Sie hier die Leute behandeln. Wie können Sie der Frau vorschreiben, was sie zu tun oder zu lassen hat. So was Unfreundliches wie Sie – einfach unverschämt! Wir werden uns bei der THEO-Leitung darüber beschweren, wie man hier von Ihnen behandelt wird!»

Was sie dann auch taten! Wer war wieder mal der Dumme? Ich!

«Bah, wat habt ihr doch für 'ne fiese Charakter!»

Die nächste Beschwerde kam, weil ich vorne an der Kasse beim Einräumen half – recht behutsam, sei dazugesagt. Denn werfen tun wir schon lange nichts mehr, außer Suppen- und Salatfixtütchen vielleicht. Der bitterböse Brief an die Geschäftsleitung beinhaltete Beschwerden über grobes, rüpelhaftes Hineinpfeffern der Waren. Es wären äußerst zerbrechliche Lebensmittel darunter gewesen, unter anderem eine Tüte Chips (!!!). Von der Geschäftsleitung kam prompt ein Verbot, den Kunden zu helfen, es sei denn, sie wünschten es ausdrücklich. Kein Problem! Wir können ja vor jedem Kassiervorgang Fragebögen zur Selbstauskunft ausfüllen lassen: Darf die Kassiererin Sie ansprechen? Darf die Kassiererin Ihre Waren anfassen? Darf sie Sie anlächeln?

Langeweile haben wir nie, dafür sorgen schon unsere Kunden. Bei vielen, die tagtäglich in der Schlange stehen, wissen wir schon, wie sie gestrickt sind. Wann wir einen Spruch riskieren können, bei wem man besser den Affen macht (nix sehen, nix hören, nix sagen) oder bei wem man allerhöchste Vorsicht walten lassen muss, damit nicht wieder eine Beschwerde hereinflattert.

Eine Kundin erzählt mir, dass sie gerade aus dem Krankenhaus entlassen wurde und ja soooo viel abgenommen hätte. Ich habe selber reichlich Gewicht, weshalb die Kundin glaubt, mir Folgendes stecken zu müssen: «Sie wären doch bestimmt froh, wenn Sie mir etwas davon abgeben könnten.» Was für eine Frechheit! Ich baue mich also mit meinem wohlgenährten Körper voluminös vor ihr auf und

erwidere: «Ich kämpfe jeden Tag, damit ich genau dieses Gewicht halten kann. Ich würde Ihnen nicht mal ein einziges Gramm abgeben!»

Sie kommt weiterhin zu uns, ist superfreundlich, aber hat mich nie wieder auf mein Gewicht angesprochen.

Eine andere Kundin meint auch, mich in Kenntnis setzen zu müssen, dass ich sehr viel zugenommen habe. Sie selbst ist schlank, aber ziemlich verknittert. Also erwidere ich: «Der eine nimmt zu, der andere bekommt Falten!»

Komisch, dass unser Aussehen immer wieder Anlass gibt für Bemerkungen der Kunden. Entweder sind wir zu fett oder zu dünn. Einmal sehen wir gut aus, dann sehen wir schlecht aus, oder wir sind sogar alt geworden. An einem Tag sah eine meiner Kolleginnen sogar schwanger aus! Es war jedoch keineswegs der Bauch, der die Hobby-Psycho-Tussi dazu veranlasste, ihr diese niederschmetternde Diagnose eines späten Mutterglücks an den Kopf zu schleudern, sondern ihr extrem «schwangerer Gesichtsausdruck»!

Dem einen sind die Fingernägel zu lang, dem Nächsten gefallen die Ohrringe oder die neue Haarfarbe nicht. Und der Letzte hält uns vorwurfsvoll seinen klebrigen, haarigen Kamm unter die Nase, weil wir unseren wohl am Morgen nicht finden konnten. Vielleicht sollten wir den Spieß mal umdrehen und uns über das Aussehen unserer Kunden auslassen. Das wär ein Spaß:

«Bah, wat habt ihr doch für 'ne fiese Charakter!»

«Die Hose können Sie direkt hierlassen. Da kriegen Sie Ihre dicke Küttelskiste ja eh nicht reingezwängt!»

«Kein Wunder, dass Ihr Kind so ätzend ist – bei der Mutter!»

«Sie haben ja gar kein Shampoo auf dem Band? Ihre fettigen Haare könnten es durchaus vertragen!»

«Haben Sie nicht gestern erst 'ne Flasche Doppelkorn gekauft ...?»

«Heute schon geduscht?»

«Vielleicht sollten Sie sich etwas gesünder ernähren – in Ihrem Alter!»

«Mann, seh'n Sie heute bescheuert aus!»

«Ach, das ist Ihre Frau, ich dachte, es wär Ihre Tochter!»

«Meinen Sie, die Reizwäsche nützt noch was?»

Die Briefkästen in der THEO-Zentrale würden überlaufen vor bösen Briefen. Aber nein, das würde uns im Traum nicht einfallen! Und wie schon gesagt, wir behandeln alle gleich, wie sie auch daherkommen. Ob Blaublütige oder Penner, ob Bekiffte oder Zombies, ob reich oder arm, ob hübsch oder hässlich, ob der Rollator vor der Türe parkt oder der Rolls-Royce, ob dünn oder dick. Jaaa, wir sind brave Mädchen – die reinsten Heiligen!

Aber haben Sie die Dicke eben gesehen? Das Schlachtschiff hat doch tatsächlich vier Tüten Pommes und fünf Sahnetorten aufs Band gelegt! Nun ja – die Gedanken sind frei.

Kunde zu mir: «Grinsen Sie mich nicht so hinterfotzig an!»

Ein anderer Kunde darauf: «Haben Sie 'nen Sockenschuss?»

Wie viel kriegt man eigentlich, wenn man einen Kunden haut? Eine Woche, einen Monat, ein Jahr? Vielleicht würde das Strafmaß die Genugtuung einer deftigen Watschen ja aufwiegen. Ich neige eher weniger zu Gewalttaten, aber die extremen Ekelpakete beschwören doch ein starkes Kribbeln in meinen Fingern herauf. Zuletzt, als eine ältere Dame mit unserer Auszubildenden aneinandergeriet. Diese wurde gerade in der Kasse angelernt, war demnach natürlich sehr nervös, spürte sie doch die Blicke sämtlicher Kunden. Die Neue brauchte etwas länger bei der Herausgabe des Wechselgelds und zählte, um keine Fehler zu machen, den Betrag ein zweites Mal nach. Die Olle hat sie daraufhin dermaßen zusammengefaltet, dass ich ihr mit Freude eine auf die Zwölf gegeben hätte. Es gibt wirklich dreiste Kunden ...

«Dann muss ich eben Sie fragen! Ihre Kollegin ignoriert mich ja einfach. Dafür unterhält sie sich schon die ganze Zeit mit dem blöden Behinderten dort drüben. Das ist eine Frechheit! Ich werde gar nicht beachtet, aber der kriegt alles haarklein erklärt!»
Und da soll man noch Haltung bewahren?
«Der Behinderte wird bei uns genauso freundlich behandelt wie Sie, gnädige Frau!»

Auch heftig:
«Die Computer, die Sie morgen im Angebot haben, sind ja teurer als sonst. Da brauch ich doch sicher nicht um 8 Uhr schon hier zu sein, weil die ganzen Türken ja dann nicht kommen?!»

«Bah, wat habt ihr doch für 'ne fiese Charakter!»

Auch diejenigen, denen man das dicke Konto sofort ansieht, lassen oft ein «Ich bin was Besseres» raushängen. Oft rotten sich die gestriegelten Krawattenträger im Designeranzug zusammen und stehen mitten im Weg und diskutieren die Entwicklungen an der Börse. Manche Kunden sind davon richtiggehend eingeschüchtert und machen einen Umweg, da es nicht möglich ist, an den Wichtigtuern vorbeizukommen. Bis endlich ein beherztes Opalein sie mit einer Salve von Beschimpfungen und mit seinem Gehstock herumfuchtelnd von ihrem selbsterbauten Thron stürzt und sie widerwillig ihrer Wege gehen.

Eine Kundin, deren Daseinsberechtigung sich vor allem darauf stützt, die Ehefrau eines in der Stadt angesehenen Mannes zu sein, kauft zwei Netze Orangen: «Zum Pressen sind die doch gut genug, oder? Was meinen Sie?»
«Stellen Sie sich bloß vor: Es gibt Leute, die ESSEN die sogar!»

Vorwurfsvoll und so laut, dass auch der arme Schlucker in der hintersten Ecke es hören kann: «Sagen Sie mal, wo finde ich denn den Kaviar?»
Um 11 Uhr morgens antworte ich nur zuckersüß: «Tut mir furchtbar leid, die Nachfrage war so groß heute Morgen – der ist leider schon ausverkauft.»

An meiner Kasse steht ein Ehepaar um die 70. Freundlich schallt mein «Guten Morgen» zu ihnen hinüber. Keine Antwort. Ich wundere mich, denn gerade die älteren Herrschaften sind meist gut drauf und für ein nettes Wortgeplänkel zu haben. Ich mustere die beiden etwas genauer und bemerke schnell, dass sie wohl was Besseres sind: Die aufdringlich gülden blitzende Armbanduhr prangt an seinem Handgelenk, am speckigen Hals blinkt ein Goldkettchen. Die Angetraute ist nicht weniger stilvoll dekoriert. Im Gegenteil! Gold von den Ohren über den braungebrannten, faltigen Hals bis zu den Händen. An den Fingern trägt sie dicke Ringe mit noch dickeren Klunkern in Lila, Rot und Grün. Ich frage mich, wieso man sich für den Großeinkauf gerade bei unserem THEO so aufbrezeln muss? Und wieso haben die keine Haushälterin? Wohl nur, um dem gemeinen Volk zu signalisieren, dass man was hat.

Die beiden würdigen mich also keines Blickes oder Wortes. Sie räumen aber, nachdem ich sie abkassiert habe, ihr gesamtes Zeug wieder aus dem Wagen heraus und bauen es systematisch auf den Packtischen wieder auf. Dann wird der lange Kassenbon gezückt, akribisch interpretiert, diagnostiziert und – abgehakt.

Doch plötzlich steht die Juwelen-Lady wieder hinter mir und brüllt mir ins Ohr: «Wieso haben Sie 1,49 für die Eier abgerechnet? Da hinten stehen sie für 79 Cent ausgeschrieben!»

Ich weiß, dass sie auf ein falsches Schild geschaut haben muss, lasse aber dennoch meine Kunden stehen, um die Eierschilder zu inspizieren. Als ich zurückkomme, kläre ich sie auf, dass der Sechserpack Eier 99 Cent, der Zehnerpack aber 1,49 Euro koste. Ich in meinem jugendlichen Leichtsinn erwarte nun ein «Entschuldigung» oder «Danke» zu hören.

«Bah, wat habt ihr doch für 'ne fiese Charakter!»

Aber weit gefehlt! Ohne auf meine Erklärungen einzugehen, bellt sie mir entgegen: «Und was soll das hier sein auf dem Bon?», und deutet auf die Bezeichnung «Fit & Well».
Ich belle zurück «Marmelade!» und gehe mit Wut im Bauch zurück zu den wartenden Kunden an meiner Kasse und frage mich, ob sie wohl durch solche Aktionen zu ihrer Kohle gekommen sind.

Jeder ist ihm schon mal begegnet, dem absolut widerlichen Kotzbrocken. Dem Charakterschwein schlechthin. Aus der Hose springen könnte man bei ihm. Derjenige, der einen, wenn man abends mit der Putzmaschine oder dem Hubwagen daherkommt, böse angrinst und einem dabei den Einkaufswagen vor die Füße schiebt oder sich schnell einen Käse schnappt und sich in die Zusammensetzung vertieft, damit er bloß nicht aus dem Weg gehen muss. Derjenige, der auf mein freundliches «Guten Morgen» schweigt, mich zusätzlich aber mit einem abfälligen, tiefen Blick in die Augen bestraft, der mir unmissverständlich sagen soll: «Ich habe es nicht nötig, ein Wort an so was wie dich zu verschwenden!»

An Tagen, an denen ich mal ausnahmsweise weniger gut drauf bin, nervt es mich total, wenn ich an der Kasse wie Luft behandelt werde.

«Den großen Pack Wasser können Sie das nächste Mal im Wagen lassen.» Ich kann sehen, wie der Blick der Kundin zu Eis gefriert. Aber über ihre Lippen kommt nichts.
«Hallo?! Angekommen?» Okay, ich gebe zu, das ist nicht gerade die feine Art …

Sie reagiert empört: «Also wirklich! Ich bin doch hier nicht in der Schule!»

«Ach, tut mir furchtbar leid!» Schleim … «Ich dachte nur, Sie hätten mich akustisch nicht verstanden!»

Einige hassen uns wohl wie die Pest und versuchen uns zu provozieren, wo sie nur können. Aber wie gesagt, mit den Jahren wird man ruhiger und denkt sich insgeheim: «Arsch lecken!» Aber hier ein Tipp, wie Sie uns als echter «THEO-Kassiererinnen-Hasser» so richtig zur Weißglut bringen können: Kommen Sie fünf Minuten vor Geschäftsschluss, um Ihren Einkauf zu machen. Aber nicht nur so ein paar Teile im Kistchen. Nein! Ein Wagen mit Hubbel obendrauf! Das dreimalige Ermahnen der innerlich bereits vor Wut schnaufenden Mitarbeiter, sich doch bitte zur Kasse zu begeben, ignorieren Sie einfach. Das lässt Sie völlig kalt. Bestenfalls haben Sie dann noch eine defekte EC-Karte und wenig Bargeld dabei und müssen die Hälfte des Einkaufs zurücklassen.

Wenn Sie dann eine Viertel- oder halbe Stunde nach Ladenschluss aus dem THEO rausschlurfen, sehen Sie bloß zu, dass Sie den Mist ganz schnell in Ihr Auto gepackt kriegen und verschwinden, bevor wir den Laden verlassen. Denn sonst: GNADE IHNEN GOTT! Und denken Sie nicht, beim nächsten Mal sei alles wieder gut. Die «Nach-20-Uhr-Gesichter» vergessen wir nie! Niemals! Diese rücksichtslosen Affen, die uns mit voller Absicht unseren lang herbeigesehnten und wohlverdienten Feierabend streitig machen wollen. Für solche Leute können wir beim besten Willen kein Verständnis aufbringen. Meiner Ansicht nach ist das reine Schikane.

«Bah, wat habt ihr doch für 'ne fiese Charakter!»

Komm, wir gehen zum THEO und bringen die Kassiererinnen auf die Palme! Und die sind um die Uhrzeit schnell in den höchsten Wipfel der Palme zu bringen, denn sie haben schon elf Stunden THEO auf dem Buckel und zu Hause entweder noch kleine Kinder, die sie vor dem Zubettgehen gerne noch sehen würden, oder einen Haushalt zu schmeißen. Vielleicht würden sie gerne noch ausgehen oder einfach nur noch faul aufs Sofa und die Beine hochlegen. Und darum verstehen wir nach 20 Uhr auch keinen Spaß mehr.

Das Jugendschutzgesetz ist auch immer wieder Anlass für Wortgefechte an der Kasse: Die seit kurzem oder auch schon länger volljährigen Jungspunde, die sich Gott weiß was drauf einbilden, endlich «erwachsen» zu sein. Sie wollen Zigaretten, wir verlangen die Vorlage des Ausweises, und schon geht's los. Sie regen sich fürchterlich darüber auf, wie wir nur denken könnten, sie seien noch zu jung! Dabei seien sie doch schon vor zwei Jahren 18 geworden! Liebelein, das interessiert uns nicht die Bohne! Diese pubertären Schimpfsalven gehen zu einem Ohr rein und zum anderen wieder raus. Lieber einmal zu viel gefragt, denn ich werde zu einer saftigen Geldstrafe verdonnert, nur weil ihr euch mit 17 einhalb Jahren ins Koma saufen müsst mit dem THEO-Fusel! Nö, nicht mit mir, meine Lieben! Ich hab schon eine 30-Jährige nach dem Perso gefragt (Die hat sich vielleicht gefreut!). Ich war ja schließlich nicht dabei, als sie das Licht der Welt erblickt hat. Seht es also als Kompliment an (mit zunehmendem Alter werdet ihr das), und fühlt euch geschmeichelt.

Handys

Bei THEO gibt es leider keine Musik vom Band, die leise säuselnd durch die Gänge schwingt und die Kunden froh macht. Schade eigentlich! Dabei soll das doch sogar verkaufsförderlich sein. Wir bei THEO müssen mit der «Musik für Arme» vorliebnehmen. Die bringen die Kunden nämlich selber mit in Form ihres wichtigsten Begleiters – des Handys! Ohne Handy geht gar nichts! Anscheinend noch nicht einmal der Einkauf. Aus allen Ecken bimmelt es, lacht, stöhnt oder schreit es. Hier ertönen die Sommerhits des Jahres, und dort hinten kann man orientalischen Klängen lauschen.

Uns klingeln die Ohren: das Heulen der Pfandautomaten, der melodische Singsang des Brotbackautomaten, die erotische Stimme von Schantall, das Piepen des Scanners, das Klingeln der Lieferannahme, der Türalarm, das Rhabarbern der Kunden – von allen Seiten werden wir erbarmungslos beschallt. Nach Feierabend wollen wir meist nur noch eins: Ruhe! Schreiende Kinder werden kurzerhand mit Hilfe von Paketklebeband geknebelt und so zum Schweigen gebracht. Selbst der Hund, laut heulend vor Wiedersehensfreude und eifrig mit dem Schwanz wedelnd, wird mit einem gezielten Tritt in sein Körbchen verbannt. Einladungen zu Partys, ins Kino oder zum gemütlichen Bierchen nebenan – wir winken nur noch müde ab, denn wir wären wahrlich unfähig zu jeglicher Art geselliger Konversation.

Aber nicht nur Klingeltöne und Musik nerven: Liebe Frauen, warum schickt ihr eigentlich immer wieder eure Männer zum Einkaufen? Wenn ihr es dann im Endeffekt

«Bah, wat habt ihr doch für 'ne fiese Charakter!»

doch wieder selber machen müsst – im weiteren Sinn. Denn die hilflosen Kerlchen haben euch bei ihrem ziellosen Streifzug durch den THEO immer an der Strippe:

> **«Welchen Käse hättest du denn gerne, Schatz?»**
> **«Was meinst du mit Schmand?»**
> **«Weizen- oder Roggenbrot?»**
> **«Wie viele Milchtüten brauchst du denn?»**
> **«Das gelbe Putzmittel oder lieber das orange?»**

Liebe Männer, zeigt doch mal ein bisschen mehr Selbstvertrauen. So ein Einkauf ist doch gar nicht so schwer. Ihr schafft das auch ohne die nette Tante am Sorgentelefon, oder? Und danach fühlt ihr euch richtig gut! Versprochen! Und beim nächsten Mal üben wir dann das Alleine-eine-Hose-Kaufen.

> **Ich sitze, mal wieder, an der Kasse. Aus der Tasche der Kundin, die gerade hektisch ihre Waren zurück in den Einkaufswagen räumt, ertönt ein aufdringliches, lautes Klingeln. Noch hektischer, als sie sowieso schon war, wühlt sie nach dem Handy. Derweil sich die Waren stapeln und stapeln … Sie nimmt den Anruf entgegen und sagt ungelogen: «Hallo, ich kann gerade nicht rangehen. Ich bin beim THEO an der Kasse!»**

Gibt's so was? Wie umnachtet kann man sein? Es scheint ein absolutes No-Go zu sein, das Teil einfach mal plärren zu lassen. Das Handy hat uns dermaßen unter Kontrolle, übt einen solch überdimensionalen Zwang auf uns aus, dass wir uns tatsächlich vor allen zum Affen machen und rangehen, nur um dem Anrufer zu sagen, dass wir nicht rangehen können! Nun ja, obwohl diese Leute sich anscheinend nicht mehr im Griff haben, ist es ihnen wenigstens noch unangenehm, wenn das Handy stört.

Im Gegensatz zu vielen anderen, denen nichts wichtiger ist als ihr Mobilteil. Diese Dilettanten, die lautstark Neuigkeiten mit ihren Kumpels austauschen oder mit ihren Geschäftspartnern verhandeln. Und dazu allen Ernstes von uns erwarten, dass wir den Kassiervorgang für die Dauer ihres Telefonats einstellen. Wir «Vorzimmer-Sekretärinnen» werden obendrein völlig ignoriert! Kein «Guten Tag». Nicht mal ein kurzes Nicken, welches uns signalisieren würde, dass der Handy-Man weiß, wo er sich gerade befindet. Ja, was macht man nur mit solchen Leuten? Die Sache verbal zu klären ist unmöglich, denn die hören ja nicht. Da bleibt nur, sie mit den eigenen Waffen zu schlagen: unsere Lippen sind versiegelt. Selbst wenn es ans Zahlen geht und der Vieltelefonierer desorientiert die Betrags-Anzeige sucht. Wir schweigen! Vielleicht lassen wir uns noch dazu herab, stumm auf das Display zu zeigen. Solche Kunden sind unseren Atem nicht wert! Die Handy-Generation scheint alle Regeln des Anstands zu vergessen. Höflichkeit? Was war das noch gleich?

Okay, okay, ich gebe zu, selbst ich habe an der Kasse telefoniert, sogar während des Kassierens! Der Filialleiter brachte mir das Mobilteil an die Kasse. «Ihr Sohn», sagte er knapp. Am anderen Ende der Leitung ein verzweifelter

«Bah, wat habt ihr doch für 'ne fiese Charakter!»

Pubertierender, der kurz vor dem Hungertod stand, nicht imstande, mit dem Hightech-Dosenöffner die Ravioli-Dose zu öffnen. Zwischen Scannen und Zahlen erklärte ich ihm haarklein die Funktion des Dosenöffners, dann noch, wo er eine mikrowellengeeignete Schüssel findet und wie die Mikrowelle bedient wird, sodass er sich ein tolles, schmackhaftes Mittagessen zubereiten konnte. Nun ja, das war schließlich auch ein absoluter Notfall, oder? Die Kunden, die ich während des Gesprächs abwickelte, hatten jedenfalls alle ihren Spaß, meinen kochtechnischen Ausführungen zu lauschen.

An der Kasse. Das Handy bimmelt. Der Kunde ist gerade im Begriff abzuheben.
Woraufhin ich ihm ganz verständnisvoll zuraune: «Gehen Sie ruhig dran! Es könnte ja Hollywood sein!»

Ich stelle mir manchmal vor, wie es für einen Eingeborenen irgendeines Stammes – weitab von jeglicher Zivilisation – wäre, wenn er ganz plötzlich in unsere Welt geworfen würde, zum Beispiel direkt in unseren schönen THEO. Von der erschlagenden Vielfalt der Produkte mal abgesehen, was würde er wohl denken beim Anblick von Menschen, die ohne Begleitung laut lamentierend durch die Gänge laufen, mit großem «Hallo» die Gurken begutachten, laut lachend den Salat einpacken und sich von der Thunfischkonserve mit einem herzlichen «Ja, dann mach's mal gut, bis dann!» verabschieden. «Die spinnen, die Deutschen!» wäre sicherlich die Reaktion des Fremden. So ähnlich habe auch ich das erste Mal reagiert, als jemand mit einem unscheinbaren Headset bei uns im Laden telefonierte. Ich Esel fühlte mich sogar angesprochen, ging zu ihm hin und fragte: «Wie bitte?» Erst dann ging mir auf, dass der Kunde auf einem fernen Planeten unterwegs war und keine Verbindung mehr zur Erde hatte.

Auch Senioren müssen essen!

Erst einmal muss ich hier zwei Gerüchte aus der Welt schaffen:

1. Wir hetzen keine Omis!
2. Wir hetzen auch keine körperlich Beeinträchtigten.

Ein bisschen Schwund ist immer! Verzögerungen durch diese Kunden sind in Theos Leistungsstatistik berücksichtigt. Nur die, die könnten, aber nicht wollen, noch dazu rumzicken, werden von uns gehetzt. Wenn Sie jetzt denken: «Schön, dann können die auch bei mir ein Auge zudrücken, einer mehr oder weniger ...», und langsamer machen – nix da!

Also nur kein Neid! Wenn sie in denselben Genuss kommen wollen und die gleiche Rücksicht wünschen, müssen Sie schon auf die eine oder andere Gliedmaße verzichten oder sich zumindest ein paar Krücken besorgen.

Das arbeitende Volk beklagt sich immer wieder, dass die Rentner zur selben Zeit einkaufen gehen wie sie. Nämlich nach 18 Uhr abends oder samstags. Und dann den Verkehr aufhalten. So weit würde ich jetzt nicht gehen. Zum einen kann jeder schließlich shoppen gehen, wann er möchte, zum andern halten Rentner nicht mehr oder weniger den Verkehr auf als andere. Im Gegenteil! Die älteren Kunden sind THEO-erfahren seit Jahren. Sie wissen, wie es hier zugeht, und arbeiten zackiger und schneller mit als so manch ein hochnäsiger Jungspund. Viele der Älteren sind Stammkunden seit Jahrzehnten. Manche, besonders die Alleinstehenden, kommen täglich zu uns und kaufen nur wenig. So haben sie Bewegung, treffen andere Menschen und können sich austauschen. Oft berichten sie uns dann von ihren Neuigkeiten und sind zu einem netten Plausch aufgelegt.

Aber die Behauptung, dass Rentner nie Zeit haben – die stimmt! Sie sind immer die ersten, die fragen, ob man noch eine Kasse öffnen kann. Und sie drängeln, was das Zeug hält. Ist ja auch verständlich. Im fortgeschrittenen Alter muss man alles viel schneller abhandeln. Man hat keine Zeit zu verlieren, denn man weiß ja nie, wie viel Zeit einem noch bleibt. Es könnte ja jeden Augenblick – und tschüs – zu Ende sein.

Aber nicht im THEO! Auf gar keinen Fall hier bei uns! Denn THEO ist ein wahrer Jungbrunnen! Anders kann ich mir nicht erklären, dass die Kunden, die den Laden ohne Gehhilfe gar nicht betreten könnten, diese während ihres Einkaufs irgendwo abstellen und den Laden ohne Stock wieder verlassen. Dasselbe Mysterium gibt es mit Brillen. Und das ganze Zeugs wird nie wieder abgeholt! Da muss ich doch davon ausgehen, dass die Besitzer bei uns geheilt wurden! Lahme können wieder laufen! Blinde können wieder sehen! Wenn das mal bekannt wird, dann wird unser guter alter THEO noch zum Wallfahrtsort, zum zweiten Lourdes.

Den älteren Herrschaften drückt auch öfter mal die Blase oder der Darm. Schnell öffnen wir dann wieder die rettenden Türen zur Personal-Toilette.

Auch Senioren müssen essen!

Die Dame hätte ihren Rollator besser vor der Toilettentür geparkt. «Hilfe!», hallt ihr verzweifelter Ruf bis in den Verkaufsraum. Ich laufe nach hinten und sehe, wie sie mit dem Rollator im engen Türrahmen festklemmt und weder vor noch zurück kann. Dabei ist das erlösende Örtchen so nah und doch so fern.

Ja, die Rollatoren-Gang! Diese Dinger werden ja immer populärer. Sie sind aber auch so vielseitig einsetzbar: als Gehhilfe und als Sitzmöbel, zum Verstauen und Transportieren kleinerer Einkäufe und als Seniorenwaffe natürlich! Und das alles ganz ohne Fahrerlaubnis!

«WIR MACHEN DEN WEG FREI – RRR» – «Radikale Rollatoren Rambos»!

Die dürfen in Hacken fahren, Füße überrollen und Menschen vor sich herschieben. Die Opfer drehen sich meist entrüstet um, entdecken aber dann, dass es sich nur um ein altes, verhutzeltes, gehbehindertes Mütterlein handelt. Sofort wird der Ärger hinuntergeschluckt. Man setzt ein verständnisvolles Lächeln auf und geht zur Seite. Die RRRs haben einen Freibrief, ähnlich wie Mütter mit Kinderwagen. Die packen das schlechte Gewissen ihrer Mitmenschen direkt am Schlafittchen und zerren es erbarmungslos ans Licht.

Besonders im Sommer sind die älteren Leutchen schnell erschöpft. Wenn die Hitze unerträglich ist, pfeifen sie aus dem letzten Loch, schleppen sich aber bei 40 Grad in den THEO! Wenn sie in der Warteschlange kurz vorm Kollabieren sind und gerade nicht ihre fahrbare Sitzgelegenheit dabeihaben, schicken wir sie schon mal in die nicht besetzte Kasse nebenan. Dort können sie sich dann niederlassen und etwas verschnaufen, bis es ihnen wieder bessergeht. Die korpulente Dame, die sich für ihre Rast ausgerechnet die wärmeempfindliche Palette mit der Margarine ausgesucht hatte und darauf mit ihrem dicken Hintern thronte, mussten wir aber doch des Platzes verweisen.

Ich hatte gerade den Einkauf einer älteren Dame eingescannt und nannte ihr den Betrag, den sie zu zahlen hatte. Sie griff nach ihrer Handtasche und öffnete sie. Damit sie besser nach ihrer Geldbörse suchen konnte, klemmte sie die Klappe der Tasche zwischen ihre Zähne und begann zu kramen. Ich ging derweil mal wieder in mich, bis mich ein leises Scheppern aus meinen Gedanken riss. Mein Blick starrte direkt auf die Zähne vor mir auf der Kassenablage! Das Gebiss konnte der Last der Handtasche wohl nicht standhalten und grinste mich nun gelb und hässlich an.

Eine Kundin kommt von draußen direkt zu mir an die Kasse:
«Können Sie mir mal helfen? Ich habe da ein Problem!»
«Worum geht's denn?»
«Ich habe gestern hier Guthaben für mein Handy gekauft. Jetzt kann ich die Nummer auf dem Bon nicht mehr lesen, und ich muss die doch eingeben.»
Ich werfe einen Blick auf den Bon und sehe – nichts! Nur ein leeres Stück Papier.
«Wie? Da steht ja gar nichts drauf? Wie kommt das denn?»
«Nun ja», gibt die Frau zögernd zu, «der Bon war etwas

Auch Senioren müssen essen!

zerknittert, da hab ich ihn gebügelt. Plötzlich war die ganze Schrift weg!»
Das hat Thermopapier nun mal so an sich, wenn es warm gemacht wird! Ich kann es einfach nicht fassen! Ich kenne ja Super-Hausfrauen, die Unterhosen oder gar Frottéhand-tücher bügeln, aber wie hyperperfekt muss man sein, um auf die dämliche Idee zu kommen, einen Kassenbon zu bügeln?

Schon traurig, wenn der Körper nicht mehr so mitmacht, wie er soll. Da gibt es Omis und Opis, die im hohen Alter kaum mehr zwei Schritte laufen können. Aber denken, dass sie Auto fahren können! Der Opi setzt seine Kiste beim Rückwärtsfahren voll gegen THEOs schönen Rauputz, und die Omi fährt mit ihrem Schlachtschiff von Benz Passanten auf dem Parkplatz über den Haufen. Zu Hause wundern sie sich, wo die ganzen Beulen und Kratzer am Auto herkom-men. Sie haben den Aufprall nicht gehört oder können sich an nichts mehr erinnern.

Eine Oma wusste sich zu helfen. Laufen konnte sie auch nicht mehr, aber Auto fahren! Sie parkte also ihre Karosse direkt vor THEOs Eingangstür, kurbelte das Fenster hinun-ter und winkte wahllos irgendwelche Leute heran, die sie mit ihrem Einkauf beauftragte. Die bekamen kurzerhand Einkaufsliste mitsamt Geld in die Hand gedrückt, um die gewünschten Artikel zu besorgen. Na, so was von schlau! Sie öffnete derweil ihren Kofferraum, und kurze Zeit später verstauten die freundlichen Samariter den Einkauf.

Diebe und andere Terroristen

«Was ist denn mit dem Weltempfänger unter Ihren Geranien?»
«Och. Haha. Den hab ich doch glatt vergessen!»

Welcher Idiot hat eigentlich diese dämlichen Taschen erfunden, die man innen an den Einkaufswagen klemmt? Wenn wir es wagen, diese grandiose Erfindung anzufassen, um darunter zu blicken, haben wir ganz schlechte Karten beim Kunden.

Kleine Kontrollen, die wir an der Kasse durchführen, sind natürlich Vorschrift: unter den Wagen schauen oder einen Blick unter Taschen und Kartons werfen. Aber selbst dabei fühlt sich so manches zarte Seelchen schon kräftig auf den Schlips getreten, weil es sich persönlich angegriffen fühlt.

Ich stand einmal selbst woanders in einer elend langen Kassenschlange und beobachtete die Kassiererin bei der Arbeit. Die Wiedergeburt Columbos nahm die Thermoskanne des Kunden nicht nur aus der Verpackung, um in den Karton zu schauen, sondern schraubte noch dazu den Deckel der Kanne ab. Man hätte ja eine Leberwurst drin verstecken können. Wenn man nicht in die Taschen der Kunden schauen darf, muss man sich eben anders wichtigmachen.

Manche Kunden fragen an der Kasse: «Möchten Sie hineinschauen?» Natürlich wollen wir das! Blöde Frage! Aber wenn wir bejahen, ist es, als würden wir Sie des Diebstahls verdächtigen. Also zeigen Sie uns den Kram doch bitte, ohne uns zu fragen! Oder bringen ihn gar nicht erst mit rein. Wie gesagt – ein verzwicktes Thema. Wir können nicht wild drauflosspekulieren und jeden Kunden verdächtigen, etwas gestohlen zu haben. Ein Dilemma! Denn einige kommen und gehen mit ihren Taschen und Rucksäcken. Ein Hinweisschild «Taschen bitte draußen lassen oder an der Kasse abgeben» geht natürlich gar nicht! Ist ja belehrend!

Madame Buchela, die «Wahrsagerin von Bonn», wüsste selbstverständlich mit ihren hellseherischen Fähigkeiten, in welcher Tasche sich die Beute befindet. Aber wir müssen die Behältnisse von außen mit unseren Blicken abtasten, ob sich verräterische Beulen abzeichnen. Und selbst dann haben wir keine Chance – wieder mal typisch für den deutschen Paragraphen-Dschungel: Wir dürfen nicht in Taschen sehen, es sei denn, es besteht ein «akuter Verdacht». Soll heißen, man muss hundertprozentig sicher sein, dass dieser Kunde etwas mitgehen lässt. Wenn man mit seinem Verdacht falschliegt, hat die Kassiererin sechs Richtige, denn das Unternehmen steht wieder mal nicht hinter ihr, und der Ärger ist vorprogrammiert. Wenn jemand also mit prallgefülltem Trolley vorbeizieht, wünscht man artig einen «Schönen Tag noch!». Man darf es zwar wagen, den Kunden zu bitten, ob man einen Blick in den Trolley werfen darf. Lehnt er dies ab, müssen wir das akzeptieren. Bei diesem Thema scheiden sich die Geister. Endlose Diskussionen in TV-Talkrunden oder im

Internet zeigen, dass man bis zum Sankt-Nimmerleins-Tag darüber streiten könnte.

«Darf die das?», fragen empörte Kunden, die sich nicht von einer Kassentippse in ihrer Privatsphäre herumschnüffeln lassen wollen. «Darf der das?», fragen diese Tippsen, wenn sie sich nicht von cleveren Dieben vorführen lassen wollen, die sich dank der bescheuerten Gesetzeslage am Abend das Festmahl schmecken lassen oder einen Film im eben erbeuteten DVD-Player anschauen und sich dabei ins Fäustchen lachen. Ist das im Sinne unserer Wirtschaft, dass es den Halunken unter den Menschen so leicht gemacht wird? Nur um den heiligen Kunden mal wieder nicht zu kränken? Mal ehrlich, der lacht uns doch aus! Was tun wir also? Nun, wir beobachten still und leise. Oft wissen wir, wer von unseren Kunden lange Finger macht. Aber wir warten geduldig ab. Und früher oder später kriegen wir sie. Und schlagen erbarmungslos zu!

Jeden Abend wird der Laden von zwei Kolleginnen gekehrt. Eines Abends fege ich mit meiner Kollegin am Brotregal. Es sind noch Kuchen da, und alles ist in bester Ordnung. Ein paar Minuten später kommen wir wieder vorbei und bemerken, dass ein gefüllter Streuselkuchen angebissen wurde. Keiner von uns beiden hatte den hungrigen Kunden gesehen. Das wiederholte sich an fünf Tagen hintereinander. Jeden Abend fanden wir angebissene Törtchen. Dann endlich schnappten wir sie. Es handelte sich um eine Fleischereifachverkäuferin, die wohl nach einem ganzen Tag voller Fleisch- und Wurstwaren unbändigen Heißhunger auf etwas Süßes verspürte.

Diebe und andere Terroristen

Meine Kollegin und ich positionierten uns in der Mittagspause so, dass wir den ersten Gang überblicken konnten, uns aber kein Kunde sehen konnte. Eine Frau schlenderte den Gang entlang, am Arm trug sie eine Handtasche. Sie schaute sich verstohlen um und steuerte auf die Süßigkeiten zu. Eine Blechdose mit auserlesenen Bonbons war das Objekt ihrer Begierde. Ein schneller Blick nach rechts und links, keiner zu sehen. Und schwupp – verschwand die Dose in ihrer Handtasche. Wäre da nicht der blöde Schnappverschluss gewesen, der einfach nicht zugehen wollte. Sie versuchte es hektisch, aber der Verschluss sprang immer wieder auf. Uns wurde allmählich langweilig in unserem Versteck. Wohl oder übel nahm sie schließlich die Bonbondose wieder heraus und legte sie zurück ins Regal. Aber der Rundgang war noch nicht beendet, ihr Hunger noch nicht befriedigt. Sie schlich förmlich die Regale entlang. Dann ein erneuter Versuch. Diesmal hatte sie es auf eine Packung Bauchspeck abgesehen. Die lässt sich auch schön zusammendrücken. Und siehe da, der Schnappverschluss blieb zu. Sie hatte uns eine recht heitere Mittagspause beschert, aber trotzdem wurde sie von uns zum Chef geleitet. Den Satz «Muss isch jetz in et Jefängnis?» haben wir vergessen, und wenn wir der tragischen Gestalt heute begegnen, müssen wir immer wieder daran zurückdenken.

Von der Kasse aus sehe ich, wie eine Kundin eine Tüte Weihnachtsgebäck öffnet, sich zwei Kekse in den Mund steckt und genüsslich kaut. Sie nimmt einen dritten heraus, verschließt die Tüte und legt sie wieder zurück ins Regal.

Na warte! Ich schließe meine Kasse und beschäftige mich in Kassennähe mit Aufräumen, wobei ich die dreiste Dame nicht aus den Augen lasse. Als die Naschkatze dann bei meiner Kollegin an der Kasse steht, ist meine Chance gekommen. Ich hole die angefressene Tüte Plätzchen und bringe sie ihr mit den Worten: «Die haben Sie wohl hinten vergessen, oder haben sie Ihnen nicht geschmeckt?»
Mit puterrotem Kopf stammelt sie: «Ach ja, die wollte ich doch noch mitnehmen. Danke!»

Im Übrigen plädiere ich vehement für den Einsatz von Röntgengeräten. Jede Kasse sollte damit ausgestattet werden. So könnte man die Kunden direkt durchleuchten und feststellen, wie viele Haribokonfekt, Bonbons oder frische Laugenbrezeln sie sich während ihrer Shopping-Tour durch THEO als Wegzehrung bereits einverleibt haben.

Kunden, die obenrum aussehen wie das Michelinmännchen, aber unten schauen so was von spindeldürre Beinchen heraus, fallen einfach auf. Auch Träger hochaufragender, unförmig ausgebeulter Mützen ziehen unsere Aufmerksamkeit auf sich. Das mit der Oma, die an der Kasse ohnmächtig wurde und mit einem scheppernden «Klonk» mit dem Kopf auf dem Boden aufschlug, war aber nicht bei uns im THEO. Das kann sich nur um ein Gerücht handeln. Das war bestimmt mal wieder die Oma von der Nachbarin der Schwägerin einer Bekannten. Diese Oma wollte nämlich ganz pfiffig einen tiefgekühlten ganzen Gockel unter ihrer Mütze aus dem Laden schmuggeln und hat sich dabei wohl das Hirn verkühlt.

Die Menschen sind weder ehrlicher noch diebischer als früher, denke ich. Ich übersah beispielsweise einmal eine Stiege Äpfel unter dem Wagen einer türkischen Kundin.

Zwei Stunden später steht sie wieder vor mir: «Sie haben vergessen, die Äpfel zu berechnen. Die möchte ich gerne noch bezahlen. Tut mir leid, dass ich jetzt erst komme, aber es ist mir eben erst aufgefallen.»
Ich bedanke mich herzlich bei ihr und sage noch: «Das ist ja supernett von Ihnen! Nicht jeder ist so ehrlich wie Sie.»
Worauf sie fast schon empört antwortet: «Wenn ich das nicht bezahlt habe, kann ich das auch nicht essen! Das geht doch nicht!»
Toll, dass es noch solche Leute gibt!

Ein kleines Quiz: Was geschieht, wenn draußen auf dem Parkplatz jemand eine Packung Toilettenpapier findet und sie drinnen bei uns an der Kasse wieder abgibt, für den Fall, dass sich derjenige meldet, der sie verloren hat? Oder drinnen im Kassenraum unter den Packtischen entdeckt jemand einen 10-Euro-Schein, und die ehrliche Haut gibt ihn bei uns an der Kasse ab. Na? Was denken Sie? Was passiert wohl?

Sie werden es nicht glauben: Für das Klopapier meldeten sich zwei Personen, die es angeblich verloren hatten! Für den 10-Euro-Schein kamen sogar drei Leute frech hereinspaziert. Tja, nur der jeweils Erste hatte Glück. Der hat den Gewinn eingesackt. Ob zu Recht, kann ich leider nicht sagen. Wie hätte ich auch ahnen können, dass es solche Dreistigkeit gibt? In Zukunft präge ich mir alle Nasen genau ein, die zu besagtem Zeitpunkt in Hörweite stehen.

Was man als Verkäuferin nicht so alles machen muss! Oft genug geschieht es, dass wir als Streitschlichter für Ruhe und Ordnung sorgen müssen. Da jaulen die Kunden sich gegenseitig an wegen Nichtigkeiten. Kriegen sich in die Haare, weil der andere drängelt. Oder weil der eine dem anderen mit dem Wagen zu nahe auf die Pelle rückt, oder, oder, oder. Es gibt viele Auslöser für Zoff, und wenn mal alles friedlich ist, findet man eben einen Grund.

Eine Kundin mit extrem langem Zahnhaar machte einen Mitbürger mit Migrationshintergrund zur Schnecke, weil er ihrer Meinung nach zu dicht am EC-Terminal stand, als sie ihre PIN eingeben wollte. Der Abstand war ausreichend, und um die Ecke gucken kann der Mann ja nun auch nicht. Ein Gekeife und Geraunze. Ihr Ehemann mischte nun auch noch mit und wollte dem armen Kerl an die Gurgel gehen.

Bevor es zu Handgreiflichkeiten kommt, gehen wir immer dazwischen, heben die Stimme und sprechen ein Machtwort: «Jetzt ist aber Schluss hier! Benehmen Sie sich! Wir sind doch hier nicht im Kindergarten!» Meist genügt das, und selbst die aufgebrachtesten Streithähne, die sich schon gegenseitig am Kragen gepackt hatten, lassen voneinander ab. Manchmal ist uns ganz schön mulmig dabei, und wir müssen all unseren Mut zusammennehmen, etwa wenn zwei gestandene Männer aufeinander losgehen, denn im Ernstfall sind die ganz klar stärker als wir. Es sei denn, wir haben den lila-grün karierten Gürtel in Mikado.

Es gibt jedoch durchaus auch zierliche, aber beherzte Kolleginnen, die sich keineswegs scheuen, mit einem Zwei-Meter-Typen zwecks weiterem Aushandeln eines «Ey, eine inne Fresse, oder wat?» vor die Tür zu gehen. Wie oft habe ich mir schon gedacht: «O weh, der Kunde knallt dir gleich eine, der ist so sauer und gereizt!» Aber der tätliche Angriff kam dann von ganz unerwarteter Seite.

Ich scannte die Waren eines Mannes. Von hinten näherte sich eine Frau, die mich um Hilfe bat, sie könne die Turnschuhe nicht finden. Ich antwortete, dass wir heute auch keine Turnschuhe im Angebot hätten. Um auf Nummer sicher zu gehen, wandte ich mich zu ihr um, um mit der linken Hand den Aktionsartikel-Prospekt durchzublättern. Da vernahm ich von rechts ein drohendes «Das werden Sie jetzt nicht tun!». Kurz darauf spürte ich einen stechenden Schmerz in meiner rechten Hand. Dieser Spinner hatte mir fast die Finger gebrochen, indem er sie packte und nach hinten umknickte. Was für ein Psychopath!

Ein anderes Mal saß ich an der Kasse mit dem Gesicht zum Eingang. Ich sah, wie ein Mann sich von draußen der Glastür näherte, und mir lief es augenblicklich kalt den Rücken hinunter. Sah der brutal aus! Versteinerte Miene, eiskalte Augen, die starr auf mich gerichtet waren, während er den Laden betrat. O mein Gott!, dachte ich, was mache ich jetzt nur? Der sticht mich gleich ab. Ganz sicher! Oder er sprengt den ganzen Laden hier in die Luft! Der typische Terrorist! Hannibal Lecter in Person war derweil schon längst in den Gängen untergetaucht. Ich konnte keinen klaren Gedanken mehr fassen, mich kaum noch auf meine Leute vorne konzentrieren. Immer wieder suchte ich mit nervösem Blick den Laden ab. Da! Wieder trafen sich unsere Blicke. Kalt. Brutal. Berechnend. Mir brach der Angstschweiß aus. Er kam an meine Kasse. So, jetzt hat mein letztes Stündlein geschlagen, dachte ich. Näher und näher. Mein Herz setzte aus. Dann ist er da. Stand direkt vor mir und … lächelte mich mit warmherzigen Augen strahlend an, war supernett, verabschiedete sich fröhlich und ging von dannen. Zurück ließ er ein kleines Häufchen Elend. Mensch, Mädel! Wohl wieder mal zu viele Gruselschocker gesehen, was?

Nobody is perfect!

Ist Ihnen schon mal ein Elektrohubwagen über die Zehen gerollt? Sie haben auch noch nie in Milch geduscht? Nein?

Dann kommen Sie zu uns! Wir kriegen das schon hin!

Wir bescheren Ihnen gerne eine Auszeit in Ihrem Job – mit plattgefahrenen Füßen lässt es sich schwer zur Arbeit gehen! Oder wir beenden die endlosen Diskussionen mit Ihrer Frau über die weitere Familienplanung: An der Kasse mit Kawumm eine Teppichrolle oder ein Besenstiel in die Genitalien gerammt zu bekommen, löst das Problem sofort.

So manch einer unserer Kunden ist schon in diesen fraglichen Genuss gekommen und kann Ihnen vom gänzlich unfähigen oder durchgeknallten Personal bei THEO berichten. Das ist nämlich ganz und gar nicht so perfekt, wie es immer tut.

Von dummen Sprüchen, die wir in geistiger Umnachtung von uns geben, über kleine und große Missgeschicke bis hin zu tätlichen Angriffen haben wir im THEO-Erlebnispark alles im Repertoire – und das bei freiem Eintritt!

Beginnen wir mit den verbalen Ungeschicklichkeiten. Was uns vorne an der Kassenfront so alles über die Lippen kommt – kein Wunder, dass die Kunden an unserem Verstand zweifeln und sich fragen, wo THEO nur solche Leute aufgetrieben hat. Aber bei dem vielen Gequatsche da vorne kann man schon mal mit den Wörtern durcheinanderkommen.

Zur Begrüßung kommt schon mal ein freundliches «Mollo», wenn wir uns nicht zwischen «Morgen» und «Hallo» entscheiden können. Statt «Tschüs» sagen wir «Bitte». Statt «Nehmen Sie bitte die Karte raus» flutscht erneut ein «Guten Tag» heraus. Oder wir fordern mit weggetretenem Blick «28,32 – oder??»

Wer soll das bitte verstehen? Sind wir denn alle gaga?

Die Kollegin vor mir in der Kasse ganz sicher, die, völlig im Tran, verzweifelt versucht, eine Salatgurke in die Schiene für die Waren-Trennstäbe zu schieben. Als sie endlich aus ihrer Lethargie erwacht, ist die Gurke schön quadratisch geschält. Aber nicht nur wir reden wirr.

Eine Kundin kommt zu mir an die Kasse und begrüßt mich freundlich trällernd mit: «Kuckuck!»

Zögernd antworte ich: «Guten Morgen!»

Sie schaut mich an, runzelt die Stirn und fragt:

«Ich hab doch eben nicht wirklich ‹Kuckuck› gesagt, oder? Bin ich bescheuert, oder was?»

Ich lache, sage: «Ist doch egal. Machen Sie sich keinen Kopf. Hauptsache, Sie sagen überhaupt irgendwas», und verabschiede sie mit einem fröhlichen: «Ata, Ata!»

Manche werden gar zwei- oder dreimal begrüßt, weil man sich nicht mehr erinnern kann, ob man schon gegrüßt hat. Und da soll uns noch jemand für voll nehmen? Zum geflügelten Wort ist ein Versprecher meiner Kollegin geworden, die einmal an der Kasse hinter mir saß. Ich glaubte, nicht richtig gehört zu haben, und wäre beinahe aus der Kassenbox gefallen.

Die Kollegin scannt die Waren einer Kundin. Ihr letzter Blick gilt den Kartoffeln unten im Einkaufswagen. Mit todernster Miene stellt sie der Kundin die Frage: «Zahlen Sie bar oder mit Kartoffeln?»

Auch sind wir oft desorientiert und wissen manchmal nicht mehr, an welcher Kasse wir Dienst tun.

Ich bemerke die immer länger werdende Schlange und rufe aus dem Laden nach vorne: «Sie können an Kasse 2 auflegen!» Siedend heiß fällt mir ein: Halt, da saß ich doch gestern, nicht heute! Ich rufe aus der Ferne: «Nein! Stopp! Kasse 3!» Dort angekommen, bemerke ich, dass auch dies nicht mein Platz für den heutigen Tag ist, sondern Kasse 4! Die armen Kunden müssen also erneut ihre Siebensachen vom Band räumen und umziehen. In ihren Gesichtern kann man lesen wie in einem offenen Buch: «Die Alte hat 'nen Knall!»

Selbst unsere gute Schantall aus der Tonband-Kiste redet schon mal ungefragt drauflos und öffnet willkürlich irgendwelche Kassen. Wir gucken dann nur dumm aus der Wäsche und denken: Ist die jetzt besoffen, oder was? Irgendwie beruhigend, dass auch die Technik nicht immer perfekt ist.

Besonders unsere männlichen Kunden müssen oft dran glauben. Sie wollen weder ihre Eier aufs Band legen noch sich einen (Sechserpack Wasser) runterholen! Da kann man nichts machen. Bis endlich mal einer Eigeninitiative zeigt.

Ein Kunde steht am Kassenband und hat ein Riesenteil von Bambusgewächs im Wagen stehen. Unbekümmert ruft er nach vorne: «Soll ich ihn rausholen?»
Ich erwidere trocken: «O nein – bitte – lieber nicht!» Man kann das Hirn regelrecht quietschen hören, bis dem Herrn endlich bewusst wird, was er da vom Stapel gelassen hat.

Gemeinsam mit meiner Kollegin betrete ich den ersten Gang. Mit dem Rücken zu uns steht eine Kundin vor dem Brotregal. Meiner Kollegin entfährt ein ekstatischer Schrei. Voller Verzückung und mit hoher Stimme gellt sie ihr entgegen: «Neiiin, was hast du aber geile Stiefelchen an!» Ungefähr 15 Köpfe fahren zu uns herum, um den Verursacher dieses lautstarken Gefühlsausbruches auszumachen. Auch die Kundin dreht sich um. Meine enthusiastische Kollegin zieht augenblicklich den Kopf ein, läuft puterrot an und stammelt unbeholfen herum:
«Oh, äh, ich dachte … Entschuldigung, ich habe Sie verwechselt. Sie sehen von hinten aus wie eine Freundin.»

Schon in der Schule hat man mir immer gesagt, ich solle erst das Gehirn einschalten, bevor ich die Klappe aufreiße. Diesen Spruch habe ich bis heute wohl nicht ganz verstanden. Nur gut, dass andere manchmal schneller sind.

Nobody is perfect!

Ich sitze in der Kasse, mein Blick noch fest auf die Scheine und Münzen gerichtet, die ich gerade einsortiere. Da höre ich: «Mensch, Alice, siehst du aber schick aus!» Mein Gehirn spult in Sekundenschnelle alle Gedanken ab: Ich seh doch voll scheiße aus heute! Meine Haare sind fettig, die Frisur dahin. Die olle THEO-Tracht hat mir noch nie gestanden, lässt mich blass und schwindsüchtig aussehen. Noch dazu ist meine Schminke verschmiert, und unter den Achseln habe ich Schweißränder.

Ich klappe die Kasse zu, hole Atem, um einen flotten Spruch angesichts dieses schmeichelhaften Kompliments loszulassen, da höre und sehe ich, wie meine superadrette Namensvetterin, die einfach umwerfend aussieht in ihrem geblümten Kleid, herumkommt und erwidert: «Danke, Ute! Nett von dir! Ja, das Kleid hab ich mir …» Blablabla.

Hastig schlucke ich meinen Kommentar hinunter und bin so was von heilfroh! Gerade noch rechtzeitig! Wie konnte ich nur im Traum daran denken, das Kompliment gälte mir. Wenn ich mich so neben der geilen Schnitte sehe – welch eine Blamage!

Unser Filialleiter hatte frei, meine Kollegin und ich schmissen den Laden – mehr schlecht als recht. Die Hütte war zum Bersten voll, wir wurden kaum Herr der Lage. Der Laden glich einem Schlachtfeld. Überall leere Kartons in den Regalen und auf dem Boden davor. Die Kassenschlangen wurden länger und länger.

**Endlich schaffe ich es, die Toilette aufzusuchen, denn aus-
schwitzen kann ich es noch nicht, als meine Kollegin an
die Klotür hämmert und ruft: «Kannst du mal ganz schnell
beikassieren?»**

**Ich lasse meine nicht gerade liebliche Stimme vom Örtchen
erklingen und brülle genervt: «MANN! Hier hat man noch
nicht mal Zeit, auf den Pott zu gehen», beeile mich dann
aber trotzdem.**

**Ich reiße die Tür auf. Davor steht meine Kollegin mit einem
älteren, seriösen Herrn. «Darf ich vorstellen», sagt sie zu
mir und nennt den Namen unseres Ober-Gurus.**

**Oh, wird mir schlecht! Der oberste Ober-Chef. Ich habe ihn
noch niemals zuvor zu Gesicht bekommen, sogar schon an
seiner Existenz gezweifelt. Und nun raunze ich ihn durch die
Klotür an. Ich schüttle ihm die Hand und verdrücke mich
eilig in die Kasse. Dieses Näpfchen war zwar sehr fettig,
aber auch sehr menschlich.**

Viel mehr Spaß machen da natürlich die nonverbalen Ungeschicklichkeiten: Nicht selten hört man den gellenden
Schrei einer Mitarbeiterin durch den THEO hallen. Kurz
darauf kommt «Miss Wet-THEO-T-Shirt», schimpfend und
triefend um die Ecke gestürmt. Zur allgemeinen Erheite-
rung unserer Kunden. Wieder einmal ist es passiert: Beim
Aufschneiden der Folie, mit der die Getränke-Palette umhüllt ist, hat die Messerspitze die Plastikflasche geritzt, und
das kostbare Nass ist fontänenmäßig rumgespritzt. Glücklich ist, der nur eine Wasserpalette ritzt! Wasser ist nur nass,
aber Limo klebt, und Bier, das stinkt so richtig.

Nobody is perfect!

Diese erfrischenden Duschen sind naturgemäß meist den Angestellten vorbehalten. Aber einmal musste auch eine Kundin dran glauben: Ich versuchte – inzwischen mit Gewalt – eine Palette Milch in einer engen Lücke zu parken. Einige Tetrapackungen wurden so gequetscht, dass sie zerbarsten. Die Kundin war zur falschen Zeit am falschen Ort – und die Frisur noch dazu frisch gewaschen, gelegt und gefönt! Eine Milchfontäne aus mehreren Litern schoss auf sie herab und ergoss sich ausgerechnet auf die kurz zuvor teuer bezahlte Dauerwelle. Aber die Kundin nahm es mit Humor, denn das Bild, das sie bot, war einfach zum Totlachen.

Wir werfen gerne immer mal was durch die Gegend. Je mehr es scheppert, desto mehr Freude kommt auf. Tausende von Duftkerzen in allen Varianten kullern auf den Boden und müssen puzzlemäßig nach allen Regeln der hohen Mathematik wieder in die Kisten gestapelt werden. Hundert zerborstene Gläser Rote Beete sind auch nicht zu verachten. Aber als Krönung der THEO-Unfälle geht wohl die hohe Palette Bier in die Geschichte ein, die komplett im Weinregal lag. Eine Sauerei ohnegleichen!

Wir werfen aber nicht nur tote Materie, sondern auch lebende – unsere Kunden. Also sehen Sie sich besser vor, wenn sich jemand von der THEO-Chaos-Truppe nähert. Sie könnten kopfüber in einem Container mit Angelhaken landen oder Bekanntschaft mit einem Elektrohubwagen machen, der dafür sorgt, dass Sie in Zukunft ihre Schuhe in einem Geschäft für Tauchzubehör erwerben müssen. Oder wo bekommt man diese modischen, platten, langen, schwarzen Plastikschuhe?

THEO ist selbstverständlich mehrfach alarmgesichert. Es gibt deshalb auch mehrere Möglichkeiten, Alarm auszulösen. Was wir selbst auch immer mal wieder tun. Unbeabsichtigt. Aber das hebt die Stimmung.

Ich habe mal wieder Vertretung, soll heißen, der Chef hat frei, und ich habe den ganzen Kram am Hals. Am Abend schalte ich beim Verlassen der Filiale die Alarmanlage scharf, als plötzlich die Sirenen losjaulen. Der Krach ist ohrenbetäubend! Sofort fangen meine Hände an zu zittern. Ich bin kaum fähig, mein Handy zu bedienen. Ich mache es kurz: Im Laufe meines Fast-Nervenzusammenbruchs an diesem Abend löste ich noch zwei weitere Male den Alarm aus und war überzeugt, die halbe Stadt würde jetzt angerast kommen. Zumindest aber doch ein winziges Polizeiautochen, das mir zu Hilfe eilen wollte. Aber nada! Nix! Niente! Nothing!

Wochen später schließe ich gerade den Tresor. Minuten darauf bekomme ich einen Anruf von der Polizei, es hätte einen Alarm gegeben. Ich weiß von nichts. Kurze Zeit später klopfen zwei Polizeibeamte an meine Tür, um nach dem Rechten zu sehen und meine Personalien aufzunehmen. Immerhin! – Was lernen wir denn daraus? Wenn's direkt ums Geld geht, wird anscheinend automatisch unser Freund und Helfer verständigt!

Ich frage mich nur, was genau meine Kollegin getan hatte, als sie mal den Alarm auslöste. Die Reifen der Polizeiautos quietschten, und die Sirenen heulten. In null Komma nix stand eine halbe Hundertschaft – oder war es eine Abordnung der GSG9? – auf der Matte. Bis an die Zähne bewaffnet und die Gewehre im Anschlag umstellten sie das Gebäude. Hollywood lässt grüßen! Ich war schon neidisch! Obwohl – in der Haut meiner Kollegin mochte ich da auch nicht stecken! Musste sie doch dem Leiter der Antiterroreinheit erklären, dass sie den Alarm wohl versehentlich ausgelöst hatte.

Liebeserklärung an unsere Kunden

Und nun zu den eingangs erwähnten übrigen 80 Prozent der Kunden – denn es wird Zeit! Zeit für ein bisschen Romantik.

Wir lieben unsere Kunden! Die meisten jedenfalls. Und das ist nicht gelogen!

Besonders dann, wenn wir mal wieder in einer fremden Filiale aushelfen mussten und danach zurückkommen, wird uns klar, was wir für eine tolle Kundschaft in unserem eigenen THEO haben. Mindestens 80 Prozent unserer Kunden sind schwer in Ordnung. Ihnen widme ich auch hiermit dieses letzte und vor Schmalz triefende, sentimentalste Kapitel. Die restlichen 20 Prozent lieferten mir den Stoff für alle anderen Kapitel. Dafür danke ich ihnen aufrichtig!

Kunden sind nicht überall gleich. Obwohl das immer behauptet wird, es stimmt nicht! Allein schon die regionalen Unterschiede sind immens: Der Kundenkontakt in einem THEO in der Fußgängerzone im sozialen Brennpunkt einer Großstadt ist durch die ständig wechselnde Laufkundschaft schwieriger und unpersönlicher als auf dem Land. Es gibt mehr Diebstähle, mehr Betrunkene und mehr Obdachlose.

Steht der THEO in einem Feriengebiet, gibt es ebenfalls nur wenige Stammkunden. Dort ist das Bild eher von Touristen geprägt. Und durch die vielen ausländischen

Kunden wird dem Kassenpersonal mehr Sprachgewandt-
heit abverlangt. Würde mich mal interessieren, ob auch
Automaten-Schantall dort ihr Gesülze in Englisch und
Französisch vorträgt? So sprachlich einwandfrei wie die
genäselten Durchsagen im Nahverkehrszug. Dir Kastemor,
Käsch point srieh is klohsing, wih ohpen Käsch point tu for
ju! Oder auf Französisch: Schär Klioh, Käss troa äh färmeh,
nusuwroh Käss döh purvuh, ssilvuhpläh! Und, nicht zu
vergessen, für unsere lieben holländischen Nachbarn: Kas
drie is dicht!

THEO-Filialen in Kurorten. Das sind die Schlimmsten!
Der Albtraum schlechthin! Dort flanieren nämlich über-
wiegend nur die allerfeinsten Leute über THEOs roten
Teppich. Und die Steigerung von denen: allerfeinste, «alte»
Leute! Ätzend! Alle halten sich für was Besseres und würden
sich am liebsten selber siezen. Huuhsicker eben! Das ist
guter alter rheinländischer Dialekt und bedeutet so viel wie
Hoch-Urinierer. Womit wir also einen direkten Sprung in
die Gegend machen, wo unser THEO liegt, der uns natürlich
der Allerliebste ist. Er liegt nämlich im schönen Rheinland.
Und wird frequentiert von den netten Rheinländern. Dies ist
bekanntlich ein gemütliches, witziges und warmherziges
Völkchen. In den Gängen unseres THEO ist die Stimmung
meist fröhlich.

**Ein lustiger älterer Herr macht vor jeder Kassiererin einen
tiefen Diener und begrüßt uns stets mit: «Juten Tach, die
schöne Dame!»**

Der Rheinländer ist immer für ein Späßchen zu haben, sieht sich selber nicht so ernst und nimmt sich nicht so wichtig. Und das ist einfach herrlich! Vermutlich ist das auch der Grund, warum viele von uns Verkäuferinnen schon zu den THEO-Dinosauriern zählen. Die Kunden tragen viel dazu bei, dass wir Freude an der Arbeit haben, und helfen damit, die unschönen Erlebnisse mit den weniger netten Kunden zu kompensieren.

In bestimmten, extremen Situationen kommen meiner Meinung nach am allerbesten die typischen Charaktereigenschaften des rheinischen Menschenschlags zur Geltung.

Nämlich gerade dann, wenn im THEO mal wieder Krieg herrscht, er sich also im absoluten Ausnahmezustand befindet und man es auch sieht. Ein Meteoriteneinschlag mitten rein. Regale und Gänge liegen voll mit leeren Kartons. An jeder Kasse steht eine Schlange von zwanzig Personen. Gerade dann, wenn man der Kassiererin ansieht, dass sie nicht mehr weiß, wo ihr der rote Kopf steht, und sie wohl in wenigen Minuten das Handtuch werfen und diesem Kriegsschauplatz für immer den Rücken kehren wird. Ja, gerade dann, wenn man es am meisten braucht, dann kann man sich auf unsere Leutchen verlassen.

Die Atmosphäre entspannt sich zusehends, je länger die Kassenschlange wird. Da vorne wird geflachst, dort hinten gelacht. Da entdeckt man einen Bekannten weiter hinten in der Schlange, und lautstark werden die Erlebnisse des letzten Wochenendes ausgetauscht. Kein Mensch schert sich darum, welche Ohren Zeuge dieser Enthüllungen werden.

Wildfremde Menschen kommen miteinander ins Gespräch oder machen Späße. Keiner hat Scheu vor dem anderen. Berührungsängste kennt der echte Rheinländer nicht.

Etwa fünfzig Kunden tummeln sich in Kassennähe. Zwei ältere Herren, der eine ganz vorne, der andere ganz hinten in der Schlange, unterhalten sich lautstark in breitem Dialekt:
«Dat wor jo jät am Samstach beim Pitter, wa? Dem sing Ahl hätt den jo janz schön unisch de Fuchtel!»
«Jo! Also nä, fröher hätt et dat nit jejäwe. Weißte noch, wat mir all mit dem Pitter erläv han, domols?»
Und schon vergessen sich die beiden und vertiefen sich intensiv in die schönen Erinnerungen an ihre Jugendzeit. Die Übrigen können gar nicht anders, als dieses Gespräch mit voller Aufmerksamkeit zu verfolgen. Kassenpersonal wie Kunden, alle haben ein breites Grinsen auf dem Gesicht ob dieses hochinteressanten Wortwechsels, und alle sind dankbar für eine Abwechslung.
Nach der haarklein ausgeführten Schilderung der Jugendsünden meint ein junger Mann kurz darauf zu dem einen: «Ihr könnt euch auch nur über alte Zeiten unterhalten, was?»
Woraufhin der nur erwidert: «Waat aff, do küss du och noch hin!»

An der heillos überfüllten Kasse schenkt man der gestressten Kassiererin ein strahlendes, manchmal ein mitfühlendes Lächeln. Einige schieben uns verstohlen ein Bonbon oder ein Stück Traubenzucker zu. Besonders unsere Stammkunden, die wissen, wie der Hase läuft, helfen uns über so manch kritischen Moment mit nicht so relaxten Kunden hinweg. Und wenn es ganz hart auf hart kommt, verteidigen sie uns gar, bieten sich bei Unstimmigkeiten zwischen Kunde und Kassiererin als Zeuge an oder springen in die Bresche, wenn uns mal wieder einer das Leben zur Hölle machen will.

> **Seit Stunden führe ich meinen aussichtslosen Kampf in der Kasse, als ich plötzlich sanfte, aber kräftige Hände in meinem Nacken spüre, die meiner geschundenen Muskulatur ein wenig Entspannung bescheren. Eine Masseurin hat sich erbarmt!**
> **Ich plädiere für eine Masseurin pro Kasse – festangestellt!**

Es kommt vor, dass Kunden uns ein Päckchen Kaffee oder Gebäck spendieren. Ab und zu bekommen wir einen Strauß Blumen geschenkt, als Dankeschön für unsere Hilfe oder unsere Freundlichkeit. Oder aber auch einfach so, als kleine Aufmerksamkeit oder aus einer puren Laune heraus. Selbstverständlich dürfen wir nichts annehmen. Wir tun es aber trotzdem, weil wir die Leute, die so nett zu uns sind, nicht vor den Kopf stoßen wollen. Das macht man einfach nicht, Vorschrift hin oder her! Eine Kundin, die ihre EC-Karte im Terminal hat steckenlassen, war unendlich erleichtert, als sie ihre Karte zurückbekam. Als ich nach Feierabend zu Hause eintraf, hing an meinem Gartenzaun eine Geschenkpackung mit einer Flasche Wein.

Ganz selten trudelt auch mal ein Lob oder Dank übers Internet in der Zentrale ein, auf demselben Weg übrigens, auf dem üblicherweise die Beschwerden ankommen. Wird dabei eine Kollegin besonders hervorgehoben, ihre Freundlichkeit in den Himmel gelobt, bekommt sie von ihren Kollegen garantiert zu hören: «Du Schleimer! Was hast du der denn gezahlt, dass sie dich so belobhudelt?»

Das ist natürlich nur Spaß und trägt zur allgemeinen Belustigung bei. Wir freuen uns über jeden gutgemeinten Brief, der uns allen oder auch nur einem Einzelnen gilt. Leider geschieht dies nur viel zu selten! Schade eigentlich. Ohne Ihnen jetzt einen Vorwurf machen zu wollen. Die meisten von Ihnen sind ja einfach zufrieden und haben sogar Spaß daran, bei uns einzukaufen. Das liegt vor allem auch an dem guten Arbeitsklima, das bei uns herrscht. In unserem THEO überwiegt ein locker-flockiger Umgangston unter der Belegschaft, aber auch mit den Kunden. Zu denen kann man schon mal sagen: «Wird das noch was heute? Jetzt aber mal zackig hier!» Oder kurz vor Geschäftsschluss: «Haben Sie kein Zuhause, oder was?» Meist nimmt einem das niemand übel, im Gegenteil! Das Echo kommt ebenso rau, aber freundlich zurück. Dieser lockere Umgang mit den Kunden und untereinander wird allerdings von der Geschäftsleitung nicht gerne gesehen. Die mögen es einfach nicht, wenn wir dem nervenden Kollegen eine Kartoffel hinterherwerfen oder wenn einer Kollegin ein tiefgekühlter Fisch am Stück in den Ausschnitt gesteckt wird. Die verstehen einfach keinen Spaß. Darum werden solche Ausschreitungen umgehend eingestellt, wenn der Big Brother uns hören kann!

Ach ja, wenn all die zufriedenen Kunden über die Beschwer-
de-Hotline etwas Positives vermelden würden, würden die
paar dämlichen, echten Beschwerden gar nicht weiter ins
Gewicht fallen. Liebe Kunden, also ran an die Tasten, die
schönste Schleimerei wird mit einem THEO-Einkaufsgut-
schein oder einer Baggerfahrt durch die Eifel prämiert. War
nur Spaß! Das ist natürlich kein Aufruf! Die Geschäftsfüh-
rung würde sofort Lunte riechen, wenn es plötzlich Huldi-
gungen regnen würde.

Und wenn Sie sich doch mal richtig beschweren wollen, dann aber gefälligst über etwas Sinnvolles! Wir wollen
schließlich auch was davon haben. Wir leben im Rheinland.
Welches ist das höchste Fest für uns? Rrrischtisch! Der Karneval! Also mal nicht am Rosenmontag um 18 Uhr schön
entspannt im fast leeren THEO herumbummeln und dann
an der Kasse ganz erstaunt tun und uns blöd kommen:

**«Ach! Sie Ärmste! Warum haben Sie denn heute auf? Alle
anderen haben aber geschlossen! Das ist ja unmenschlich!
Sie Arme!»**

GRRRRR, dieser Kundin hätte ich liebend gerne die Augen
ausgekratzt! Was meint die wohl, warum wir offen haben?
Weil so Gesäßviolinen wie sie meinen, gerade dann einkaufen zu müssen. Die meisten, die an Karneval morgens noch
schnell ein paar Dinge kaufen und dann erfahren, dass wir
an allen Karnevalstagen bis 20 Uhr – wie immer – hier sitzen,
sind aber ehrlich entsetzt. Ein Durch-und-durch-Rheinlän-
der kann das nicht verstehen. Noch dazu an dem Tag, an

dem der große Karnevalsumzug hier im Ort stattfindet und die ganze Stadt auf den Beinen ist. Das ist die Höchststrafe! Und verdient ganz eindeutig eine saftige Beschwerde in der Zentrale über die unmenschlichen Arbeitszeiten an gesetzlichen (rheinischen) Feiertagen! ALAAF UND DANKE!

Oder beschweren Sie sich doch auch mal über fehlende Musik im THEO. Warum nicht? DANKE!

Jetzt mal ehrlich! Geht Ihnen die blöde Fragerei nach «Karte oder bar» und das übrige elende Gesabbel von uns denn nicht gehörig auf die Nerven? Bestimmt! Also beschweren Sie sich!

DANKE UND SCHÖNEN TAG NOCH!

Ihnen ist sicherlich nicht entgangen, dass wir während der Sommermonate nicht so lecker aussehen wie im Winter. Das liegt daran, dass wir körperlich hart arbeiten – wir stemmen schließlich keine Wattebäuschchen – und immer ganz nach Vorschrift in langen Hosen verpackt sind, die kein Lüftchen ranlassen. Kein Zentimeterchen Bein darf zwischen Schuh und Hose sichtbar sein! Damit will die Geschäftsleitung die Kunden vor dem direkten Blick auf Beine und deren ekelerregendes, unrasiertes Beinhaar schützen. Die sind aber auch immer so lang, strähnig und fettig! Wie wäre es, wenn Sie sich darüber beschweren, dass wir nach Schweiß riechen – keine Angst, damit kann ich leben, kein Problem – und dass Sie es nicht sehr appetitlich finden, wenn uns der Schweiß aus den Haaren direkt auf den Scanner und auf Ihre Erdbeeren tropft. IN EWIGER DANKBARKEIT!

Das Schönste kommt zum Schluss!

Es ist kurz vor Weihnachten. Die Hektik ist auch bei uns kaum zu übertreffen. Alle sind angespannt, erledigen schnell die letzten Einkäufe vor den Feiertagen. Ein emsiges Treiben überall. Jeder ist mit seinem eigenen Kram und seinen Gedanken vollauf beschäftigt. Plötzlich, von einer Sekunde auf die andere, halten alle in ihren Bewegungen ein. Die Kunden hören auf zu reden. Keiner wühlt mehr im Regal. Niemand kramt im Portemonnaie. Die, die gerade den Laden betreten, bleiben sofort stehen, und die, die ihn verlassen wollen, auch. Das Piepen der Scanner verstummt, die Kassiererinnen stellen das Kassieren ein. Was ist nur geschehen? Ein Stromausfall? Oder hat Dornröschen sich an der Spindel gestochen? Nein! Weder noch! Es ist nur unser Opa! Er ist sehr alt, sehr klein und sehr gebückt. Der Süße! Seit drei Jahren kommt er immer in der Vorweihnachtszeit. Er kauft ein wenig, dann geht er einen Schritt zur Seite, greift in die Hosentasche und holt seine Mundharmonika hervor. Und dann spielt er. So wunderschön, dass alle innehalten. Für kurze Zeit vergessen sie alle die Hektik und lauschen nur noch. Bei einigen blitzen gar ein paar Tränchen in den Augen! Und auch bei mir, der Kassiererin.

In diesem Sinne – SCHÖNEN TAG NOCH!

Dank

Es hat einen Riesenspaß gemacht, dieses Buch zu schreiben!

Mein Dank gilt allen, die – wissentlich oder nicht – zu dessen Entstehung beigetragen haben:

Danke schön, liebe Judith, dafür, dass du dich als Erste mit meinem Werk befasst, dich durchgebissen und mich bestärkt hast, auf jeden Fall weiterzumachen.

Doro, du gute Freundin. Du hast mir mit deinem Fachwissen und vielen guten Ratschlägen immer zur Seite gestanden, warst mit mir gespannt und hast dich mit mir gefreut. Ich danke dir!

Ein dickes Dankeschön an zwei Menschen, die viele originelle Episoden beigesteuert haben. Ohne euch wäre mein Arbeitsleben trostlos und zäh.

Vielen lieben Dank an Julia Suchorski, meine Lektorin. Sie waren geduldig mit mir und meiner Unerfahrenheit. Die Arbeit mit Ihnen war unkompliziert, sehr angenehm und sympathisch.

Vor allem möchte ich dem Menschen danken, ohne den der Weg zum ersten Buch wohl viel länger und steiniger geworden wäre, Herrn Wagner. Sie haben sofort an mich geglaubt und so das Buch auf den richtigen Weg gebracht. Ein ganz herzliches Dankeschön dafür!

Zu guter Letzt natürlich tausend Dank an die vielen Menschen, die mich inspiriert haben, die «Lieferanten» der Geschichten: unsere Kunden und meine lieben Kollegen und Kolleginnen.

Einen Sake auf die Kinderkacke!

«Was willst du denn mit einem Japaner? Die arbeiten doch den ganzen Tag!» Susanne Steffens Vater ist entsetzt. Doch kaum hat sich Nachwuchs eingestellt, verblüfft ihr Ehemann alle, besonders seine Landsleute: Er nimmt Erziehungsurlaub.

Mit liebevollem Humor erzählt dieses Buch vom aufregenden Leben im Land der aufgehenden Sonne – und von der komplizierten Aufgabe alles unter einen Hut zu bekommen: Liebe, Ehe, Kinder, Schwiegereltern und zwei Kulturen.

Sb 023/1 · Rowohlt online: www.rowohlt.de · www.facebook.com/rowohlt

Susanne Steffen
Der Windel-Samurai
Mein verrücktes Familienleben in Japan

Auch als E-Book

rororo 62029

Aufräumen war gestern – jetzt kommt Magic Cleaning!

Kaum jemandem macht es Spaß, sich von Dingen zu trennen – und aufzuräumen. Denn auch beim Aufräumen gibt es den berühmten Jo-Jo-Effekt. Doch mit Marie Kondos bahnbrechender «Magic Cleaning»-Methode wird die Beschäftigung mit dem Gerümpel des Alltags zu einem Fest. Erstaunlich, welche Auswirkungen das nicht nur auf unser Heim, sondern auch auf unser Denken und unsere Persönlichkeit hat.

«Mir wurde gesagt, ich wirke glücklicher als jemals zuvor.» (Leserstimme)

Sb 021/1 · Rowohlt online: www.rowohlt.de · www.facebook.com/rowohlt

MARIE KONDO

MAGIC

CLEANING

WIE RICHTIGES AUFRÄUMEN IHR LEBEN VERÄNDERT

Auch als E-Book

rororo 62481

Ein Leben mit dem Rücken zur Tafel

«Gerade ist eine meiner Kolleginnen mit Burnout-Syndrom frühpensioniert worden – früher kannten wir den Begriff noch nicht, ihre Krankheit hieß schlicht Siekannsichnichtdurchsetzen.»
Seit fast vierzig Jahren unterrichtet Frl. Krise inzwischen. Täglich erlebt sie dabei komische, aber auch anrührende Situationen mit ihren Schülern, die sie hier mit Herz und Seele beschreibt. Darüber hinaus wirft sie einen amüsanten Blick in die Vergangenheit: Wann schlich sich das erste Kopftuch ins Klassenzimmer, wann störte das Tamagotchi plötzlich den Unterricht, und ab wann waren die Lehrer auf einmal pünktlicher als die Schüler?

Unglaubliche Schulgeschichten – scharf beobachtet und pointiert erzählt.

Sb 019/1 · Rowohlt online: www.rowohlt.de · www.facebook.com/rowohlt

Auch als E-Book

rororo 62998

MIX
Papier aus verantwor-
tungsvollen Quellen
FSC® C083411

Das für dieses Buch verwendete FSC®-zertifizierte Papier
Lux Cream liefert Stora Enso, Finnland.